AF598862

Quand le carré de chocolat ne suffit plus

Lirio Michèle

Quand le carré de chocolat ne suffit plus

LE LYS BLEU
ÉDITIONS

ISBN : 979-10-422-1901-7

À toutes les femmes,
À tous les hommes
et les enfants
qui ont fait de moi la sage-femme que je suis

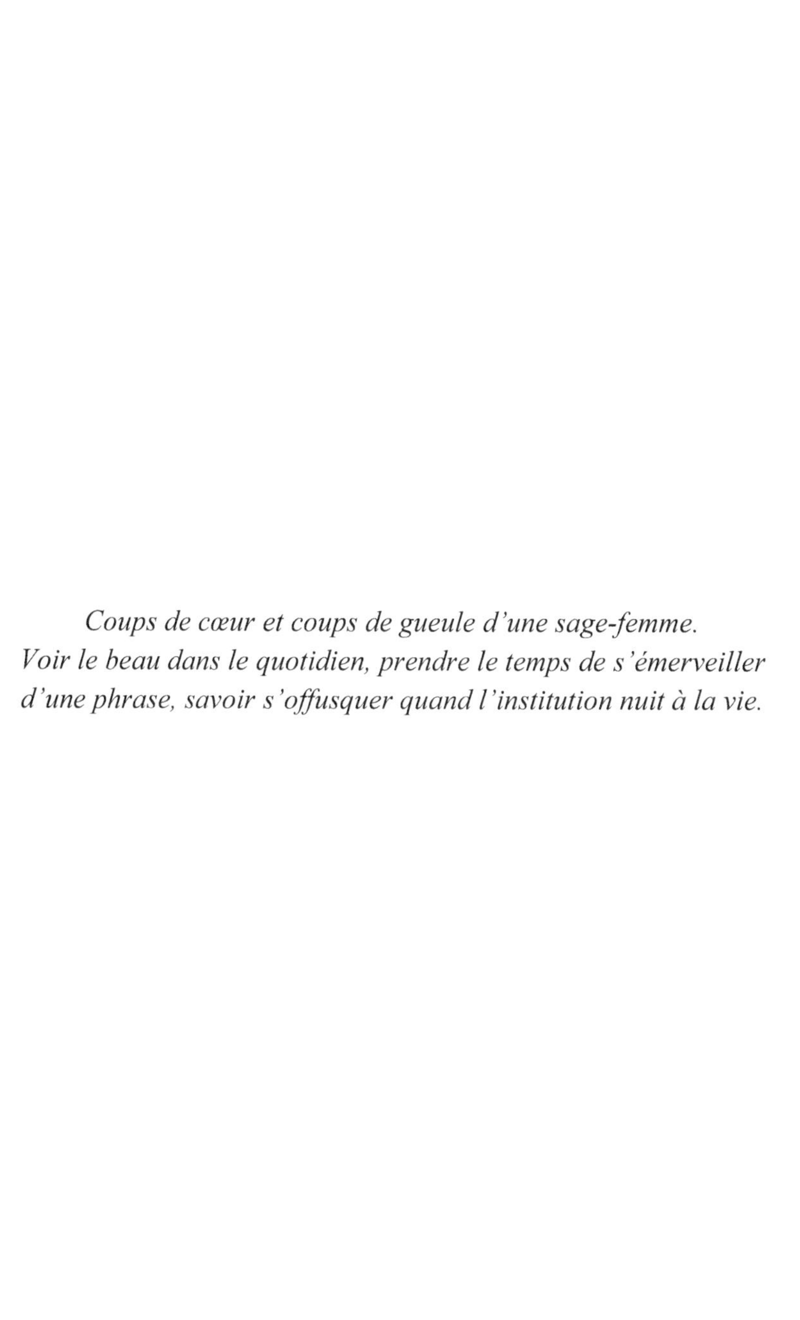

Coups de cœur et coups de gueule d'une sage-femme.
Voir le beau dans le quotidien, prendre le temps de s'émerveiller d'une phrase, savoir s'offusquer quand l'institution nuit à la vie.

Préface
La Maïeutique ou Lirio

À ma sœur,

J'ai toujours pensé qu'il fallait deux métiers pour s'épanouir : un métier intellectuel et un métier physique. Aujourd'hui, j'ai l'impression que j'ai trouvé mon équilibre entre l'action et l'intellect. Oui je sais, toi tu me dirais que je cours « pas mal ». Non ! Tu dirais « trop ».

Et toi alors ? Il semblerait que nous soyons faites du même bois.

Toi, tu dirais qu'il faut un métier qui demande parfois d'écouter son instinct. Cela revient finalement un peu au même.

Tu es une sage-femme. Pour la petite histoire, il n'existe pas de sage-homme. Un ou une sage-femme vient aider la femme. Il ou elle est sage, a la sagesse et donc la connaissance de la femme ou plutôt la sagesse pour entourer, aider cet événement qu'est la naissance et prendre la distance suffisante pour savoir s'il faut agir ou laisser faire.

C'est ça que tu as, toi. La connaissance. Tu sais écouter et comprendre les autres et les accompagner dans ce moment de vie qui te fait passer de personne à parent.

Moi je t'écoute et je me dis que j'ai de la chance de t'avoir comme modèle ; j'aimerais que les autres le voient plus et comprennent tout ce que tu apportes au monde. J'aimerais qu'ils sachent la valeur des gens comme toi.

C'est pour cela que je t'écris cette lettre aujourd'hui ; pour que tu comprennes ta valeur, et aussi pour les autres, pour qu'ils comprennent la valeur des sachants comme toi.

Tu es de ces personnes qui de leur métier ont fait un combat.

De mon point de vue, il y a les gens qui apportent une valeur tangible à la société, et il y a les autres.

« Imaginez-vous dans *Lost*, l'avion est tombé et vous avez survécu, qu'avez-vous maintenant à apporter comme compétences à cette microsociété en construction. »

Toi, tu sais…

Tu es la femme qui a sauvé un enfant.

Tu es celle qui les a aidés à se relever.

Tu es celle qui a compris sans qu'on lui explique.

Tu es celle qui lui a expliqué à lui, à elle, à eux qui ne comprenaient pas quand les autres ne trouvaient pas les mots.

Tu es celle qui s'obstine, qui ne lâche rien et qui, pourtant, sait leur faire lâcher prise quand il est temps.

Tu écoutes, tu accompagnes, tu accueilles…

Mais qui t'écoute toi ? Qui t'accompagne ?

En France, vous êtes environ 23 000 sages-femmes. Une profession à 97 % féminine et très jeune. Votre salaire est bas. Trop bas. Pourtant, toi et tes collègues vous avez fait 5 ans d'études – minimum. Tu me diras que tu t'en sors, et moi je te répondrais que la valeur de ton temps passé, à bosser tous les mois, ce n'est pas 1 800 euros.

Comment bien accompagner dans ces conditions ? Comment prendre le temps de rentrer dans l'intime sans intrusion ? Comprendre l'individu sans le brusquer ?

Ma sœur, tu t'oublies trop souvent… mais, n'est-ce pas le mal de ceux qui changent le monde ?

Alors j'écris cette lettre pour te donner le courage d'écrire la tienne, rassembler toutes ces notes de tous ces cahiers, ce savoir, ces connaissances, cette expérience… et les partager : pour faire passer le mot, pour alerter, mais aussi soulager les maux des autres et les tiens avec tes mots à toi.

Car le futur se construit maintenant avec des gens comme toi.

À la plus grande des sœurs,

À toi !

Margot Michèle
Septembre 2022
Lettre persane
ODE À MA SŒUR

L’émerveillement est le premier pas vers le respect

Dans mon monde merveilleux, les sages-femmes sont les protectrices de la physiologie de la naissance. Dans mon monde merveilleux, elles aident les humains et les femmes en particulier, à se reconnecter à leur corps quand elles ne le sont pas ou plus.

Dans le monde réel, les sages-femmes apprennent tout ce qui peut merder à un accouchement. Elles apprennent à avoir toujours peur, à s’attendre à un piège à chaque recoin d’une salle d’accouchement. Or le cortisol et l’adrénaline, hormones libérées lors du stress, sont hyper communicatifs. Si je suis sur le qui-vive tout le temps comme sage-femme, les femmes ne parviennent pas à mettre au monde rapidement et sereinement.

Dans mon monde merveilleux, j’aurais appris cela à l’école de sages-femmes.

L’odorat des femmes est décuplé pendant la grossesse. Les contractions et leur douleur ont un effet sur la libération d’endorphines. Tout ce processus va stimuler l’olfaction du nouveau-né. À la sortie, ce bébé lèche ses lèvres, ses mains, les renifle. Elles sentent le liquide amniotique. Pas n’importe lequel, celui de sa mère. Chaque liquide a une odeur différente et change de goût selon ce que mange la mère.

Pourquoi le bébé fait cela ? Car il cherche l’endroit qui va le nourrir maintenant qu’il est sorti : les seins de sa mère. Les tubercules de Montgomery, les petits « grains » qui se trouvent tout autour de l’aréole des seins libèrent la même odeur que le liquide amniotique. Propre à chacune.

Voilà pourquoi le bébé sait. Voilà pourquoi il y arrive. Le jour où j'ai appris cela, j'étais éblouie par le processus ! waouh ! comment le corps a pensé à tout cela !

J'aurais aimé apprendre cela pendant mes études.

Mais dans ce monde réel, j'ai vu des bébés être lavés dès la naissance, essuyés, parfois mesurés, pesés, regardés sous tous les angles avant d'être posés sur les seins de leur mère. Des crèmes et un nombre incalculable d'échantillons d'onguents sont offerts aux femmes pour « protéger » leurs seins.

Le mamelon est un organe érectile. La muqueuse dont il est garni est comme l'intérieur de la bouche ou de la vulve. Vous mettez de la crème dans votre bouche pour la protéger ?

Quand je dis que le bout de sein est un organe érectile, c'est-à-dire qu'il grandit en réponse à une stimulation. En l'occurrence il répond à l'ocytocine lors du contact, d'une tétée, du froid, d'un orgasme.

On juge beaucoup de seins de femmes en regardant par-dessus leur épaule :

— Vous avez les bouts de seins plats ! L'allaitement ne va pas marcher !

— Vous éjecter du lait trop fort ! Du coup votre bébé s'étrangle à cause de vous.

Des décennies de regard patriarcal.

Allez, on change d'angle de vue et on bouleverse cette vision :

Combien d'hommes sont regardés par-dessus la ceinture par un soignant : « Alors, monsieur, toujours pas en érection ? »… c'est le même mécanisme que les bouts de seins plats.

— Attendez, monsieur, ne bougez plus, je dois mesurer jusqu'où vous éjaculez !

Ocytocine bienfaisante…

Dans mon monde merveilleux, les sages-femmes rendent les couples confiants en leurs compétences de femmes et d'hommes.

Dans mon monde merveilleux, toute cette physiologie est magnifiée !

Au lieu de cela, une femme sur quatre est déclenchée pour donner naissance en France en 2022. 30 % des femmes qui souhaitent allaiter sortent de maternité avec un tire-lait, des compléments ou des accessoires comme les bouts de seins en silicone.

J'ai le cœur qui s'accélère quand les yeux de Vincent Munier s'embrument de croiser enfin la panthère des neiges. J'aime son regard intact d'enfant entouré de ses pattes d'oies de quadragénaire. Peut-être qu'il s'émerveille encore plus grâce à ce monde qui est le nôtre.

Peut-être que grâce à ce monde, j'apprends encore beaucoup, tous les jours.

Peut-être que grâce à cette formation imparfaite, je continue d'être émerveillée, de me former, d'observer et de vouloir comprendre.

Comme dit le doyen de la faculté de médecine d'Harvard aux étudiants de première année :

« La moitié de ce que l'on vous enseignera ici est fausse. Le problème c'est que nous ignorons laquelle. »

La nature est belle si tant est que l'on se pose pour l'observer. La physiologie est magnifique. Ne l'entravons pas, respectons-la.

Réveille-moi si on peut rêver d'un monde meilleur ! J'ai pas tué l'espoir qui brûle à l'intérieur.

Hervé, *Un monde meilleur*

La colère ou la charge mentale féminine

Elle entre dans mon bureau ce matin, la rage au ventre.

Elle a 34 ans, on se connaît depuis sa quatrième grossesse : il y a 9 mois que la naissance a eu lieu.

Son périnée lui rappelle tous les jours qu'elle a mis au monde 4 fois.

Elle déteste ça !

Elle déteste avoir été seule à porter. Elle déteste avoir mis au monde seule. Elle déteste que cette société la rende responsable de porter sa famille. Elle déteste cette perte de contrôle. Ce contrôle, ce paraître, ce « il faut », « on doit », imposé par toute une société. Être responsable des menus équilibrés de la famille, des lessives, des activités des uns et des autres, de leurs affaires, responsable aussi de ce job de médecin où on lui interdit l'erreur.

Lui, il est papa. Il reprend des études et il révise.

Lui, son corps n'a pas enfanté.

Lui, il ne voit pas, la puissance de cette colère qui roule sur ses joues, à elle, ce lundi matin.

Le périnée a le moral dans les chaussettes.

20 ans : … pour toujours

Vieillir est seulement un privilège qui n'a plus d'intérêt lorsque tous ceux qu'on aime ont disparu.

P. Delerm

Sidonie a 84 ans, elle travaille encore. Son travail : elle est boulangère-pâtissière. Elle adore le contact des autres. Elle a vendu son vélo l'an dernier parce qu'avec deux genoux opérés ce n'est plus possible ! Pourtant, ses yeux ont 20 ans. Elle m'évoque son enfance, l'internat à 8 ans, le retour à la maison uniquement aux vacances. On ne se plaint pas chez Sidonie. Elle ne sait pas faire. Alors quand elle passe la porte, pour la première fois, pour me rencontrer, elle se demande si elle a bien fait. Elle n'a pas vu de gynéco depuis 30 ans, pas besoin ! Mais comme je suis sage-femme, ce n'est pas pareil.

Son utérus est un peu attiré par la gravité, foutue pesanteur terrestre. Alors on travaille dans cette zone endeuillée et endormie. Son mari est mort l'an dernier.

Ses souvenirs d'enfantement se réveillent, sa sexualité se rappelle.

Quelques séances plus tard, j'évoque une intervention sur cet utérus :

— Vous allez peut-être encore vivre 20 ans, ce serait bien que ce soit confortable, non ?

— Mais on ne se verra plus du coup ?

— Je mangerai plus de pain…

Le soir, elle rentre chez elle, et annonce à sa petite fille : « Lirio a dit que j'allais vivre encore 20 ans ! »

L'intervention s'est parfaitement bien passée. Sidonie est toujours au comptoir. Elle me fait de grands signes quand je passe et quand je rentre dans sa boutique, je regarde toujours ses yeux de 20 ans.

Signe du destin

Elle attend son troisième enfant. C'est comme si nous nous étions quittés la veille. Elle est venue me rencontrer dès la première grossesse, il y a 7 ans. Elle m'envoie des photos de temps en temps, comme une cousine lointaine.

Chaque grossesse, elle rêve de mettre au monde chez elle.

Chaque fois, elle me demande de la suivre dans cette aventure. De venir l'accompagner chez elle pour enfanter. Elle ne le sait pas. Je ne lui dis pas. Chaque fois, j'en meurs d'envie.

Les frissons d'accompagner une femme qui donne la vie.

Le moment où elle perd pied, où le reste du monde ne compte plus, où ceux qui sont autour sont devenus suffisamment des êtres de confiance pour qu'elle laisse son corps enfanter.

Cette fois, elle déménage pendant la grossesse.

C'est une de ces femmes qui écoutent leur corps et qui sont voluptueusement enceintes. Son corps s'arrondit, elle savoure.

Elle accouche dans un mois maintenant. Toute la famille vient d'emménager dans cette nouvelle maison. Ils vivaient dans 60 m^2 de préfabriqués. Ils viennent d'entrer dans la grange familiale aménagée. 4 ans de bataille avec les jaloux de la famille qui n'auraient certainement pas eu le courage de faire tous ces travaux.

Elle ne le sait pas encore, mais je m'apprête à lui dire oui pour accompagner son accouchement à domicile.

Jules et moi en avons beaucoup discuté. Il m'a donné son feu vert. L'ultime validation qui me manquait.

Vivre avec une sage-femme engagée, ce n'est pas facile. Lorsqu'elle accompagne des naissances à domicile, il faut être là pour seconder, quand c'est prévu, mais aussi quand ça ne l'est pas, quand on n'avait rien d'autre à faire, mais aussi quand on avait programmé quelque chose, le jour, mais aussi la nuit.

La naissance, c'est un moment magique, c'est une malédiction, un truc qui colle à la peau tout le temps.

Ce mercredi d'août, nous nous voyons une dernière fois avec cette maman. L'orage gronde.

Elle me dit qu'elle adore ça, l'orage ! Elle aimerait accoucher un jour d'orage.

Nous avançons beaucoup dans son projet. Je devais lui dire que j'acceptais d'être là pour cette naissance à la maison. Et pourtant, je me tais. Je ne lui dis rien.

Qu'est-ce que je pressens ?

Une heure plus tard, message :

« La foudre est tombée sur la maison ! toute la charpente a brûlé. Les pompiers ont inondé tout le reste. C'est un signe », me dit-elle, « Je dois accoucher à la maternité. »

Un signe pour elle ?

Un signe pour moi.

Une malédiction ?

Une bonne étoile ?

Juste la vie, un orage, la foudre.

Petite colère

Premier bébé du couple. Trentenaires. Elle a lu des millions d'ouvrages et d'articles sur l'allaitement. Elle VEUT toute la physiologie possible et à la fois son corps lui est inconnu.

Raté pour la physiologie, sa fille est en siège, on l'estime trop grosse : césarienne programmée.

Première étape critique côté maman : on ne te demande rien, on ouvre le bide et plouf, il faudrait que tes hormones soient OK ! Côté bébé : on ne te demande rien non plus, tu avais besoin d'hormones de stress pour tes premières tétées… dommage… résultat : tu es en sidération totale, tu pionces selon certains.

Et puis tu es née « trop grosse » pour eux, voilà que 2 jours plus tard : tu es trop maigre. Mise en route de l'artillerie de guerre, tire-lait, compléments, tétées à l'horaire.

Ta mère se donne à fond, elle s'en oublie complètement, elle serre les dents, mais… le lait ne coule pas si douleur il y a et son ventre est encore fraîchement éventré.

Quand tu rentres à la maison bien sûr, tu dors beaucoup, tu as une jaunisse, tu es calme, tu vends du rêve à tes parents.

Simplifier. Il faut simplifier cet allaitement au plus vite si on veut respecter le choix de maman. Elle ne tiendra pas sur la distance avec toutes les contraintes. Je le sais. Tu le sais. Alors je baisse la pression au maximum. Tu fais ton travail de bébé de mieux en mieux. Tu grossis, maman pleure de joie, papa est rassuré. Je t'accompagne de loin, ma mission : valoriser tes parents, ils savent instinctivement, mais ils refoulent tellement ces instincts, leurs néocortex de penseurs a pris toute la place. Ta jaunisse baisse, tu dors moins, CQFD[1], tu reprends le pouvoir pour que ce lait s'ajuste à toi. C'est dur pour tes parents, toutes ces nuits sans sommeil. Toute cette croyance que le bébé a faim s'il tète. Mais non, il calibre la production… instinctivement… Pour sa survie, il sait. Tu sais.

J'épaule, ne pas être trop invasive, être présente, être distante, pour qu'ils ne soient pas dépendants de moi.

Tu fais de mieux en mieux, mais le creux de la vague des 4 premières semaines sans nuit entière est là. Il guette.

Rendez-vous du médecin : 22 g par jour… ce n'est pas assez… cette fois tu es trop maigre. Foutu critère erroné. Qui évalue son alimentation par jour ? Personne sauf les bébés !

On veut de nouveau te supplémenter alors que les instincts de maman commençaient tout juste à lui susurrer de bons repères. De nouveau, le doute s'installe, le peu de confiance en leur compétence de parents se morcelle.

Appel de ta mère. Je lui redonne les critères d'un bébé qui va bien. Tu les as tous. Évidemment. Mais deux docteurs ont parlé. Papa n'y croit plus. Maman cherche, internet, réseaux sociaux, soutien de mère à mère. Alors je valorise une fois de plus. Tes compétences, les leurs.

Tu fais ton taf, bordel ! Ton poids est un critère accessoire, il a monté : bien. De combien ? Est-ce vraiment important ? Et ta taille, et ton périmètre crânien ? Et les nouvelles choses que tu sais faire ?

Une césarienne et surtout les perfusions induites chez ta mère font fluctuer ton poids de naissance. Ce n'est pas ton vrai poids de naissance.

La jaunisse brûle des calories.

Un premier allaitement est soumis de manière explosive au néocortex.

Tout ça, tout le monde s'en fout.

Les soignants s'en moquent. 22 g/jour. Ils n'en cherchent pas plus.

La pression industrielle du lait en poudre. Des courbes dans lesquelles il faut rentrer.

Petite colère.

En fait, non : grosse colère !

---

[1] CQFD : abréviation mathématique, Ce Qu'il Fallait Démontrer.

Devoir conjugal

1950 la femme doit être une bonne maîtresse de maison. Une bonne épouse. Elle doit consentir docilement au devoir conjugal. Répondre aux besoins de l'homme, son mari.

2022 Elle consulte sa gynécologue. Celle-ci lui a posé un SIU (stérilet hormonal) il y a 6 mois et depuis elle n'a plus envie de faire l'amour, a pris du poids et est émotive.

Elle a 44 ans. Elle se connaît. Elle ne se reconnaît pas depuis 6 mois.

La gynéco affirme fièrement que c'est la contraception la plus fiable du marché, qu'elle ne risque pas la grossesse avec cela, que ce qu'elle ressent n'a rien à voir avec sa contraception. Elle se voit gratifiée d'un : « madame, la vie de couple, ce n'est pas toujours idyllique ! » et d'un « pour monsieur, quand on n'a pas envie, il faut se forcer un peu ! »

Les études montrent que les femmes répondent et réagissent différemment à la progestérone de synthèse. Que la baisse de libido, la dépression, la prise de poids sont des effets secondaires identifiés.

Elle arrive pour que je lui retire.

Elle choisit un DIU[2], sans hormone.

Les études : taux de grossesse sous SIU 0.5 % sous DIU 0.8 %

Elle prend le risque et elle fait l'amour avec envie.

Au fait, la contraception, ce n'était pas pour faire l'amour sans être enceinte, au départ ?

---

[2] DIU : Dispositif Intra Utérin, plus communément appelé stérilet au cuivre. Contraception non hormonale.

Lettre à un bébé qui vient au monde

J'ai écrit cette lettre en imaginant échanger avec un bébé dans le ventre d'une maman terrifiée dont l'accouchement allait être déclenché. J'ai donné cette lettre à la mère le jour du déclenchement.

À toi, petit d'homme

Tu vas bientôt découvrir le monde des grands. Il est différent. Il est plein de découvertes et de sensations que tu n'imagines pas encore. On a décidé pour toi du jour de cette arrivée. La faute à personne. La faute à rien. Le corps de ta mère réagit beaucoup aux grossesses. On ne comprend pas tout. Parfois, c'est bien de ne pas trop comprendre, mais de ressentir.

Achille, ton grand frère, est né et parti à la fois, alors ta maman se souvient au fond d'elle. Elle tremble pour toi, c'est bien normal. Ce qu'elle ne sait pas c'est tout ce que ce grand frère t'a glissé comme infos. Tout le travail qu'il a fait pour vous 2.

Et bébé répond :

« Maman respire. Papa est là. Il t'accompagne et moi aussi je te donne la main. Tu n'es pas toute seule. On va vivre cette aventure à 3, sous le regard d'Achille. Il sera fier et nous on sera là : prêts à découvrir le monde, à tâtonner ensemble.

À tout de suite maman. »

Wonder woman s'écrase le nez au sol

Superman n'existe pas. Wonder Woman non plus.

J'ai tendance à l'oublier. Parce que mon job sert à écouter, panser, penser, soigner, guider, encourager des humains.

Alors on me dit merci, merci beaucoup, merci souvent. C'est gratifiant, mais… en réalité… je n'ai rien fait.

Avec vous, je me sens exister, je me sens utile alors que ma génération crie qu'elle fait des choses futiles, sans sens. Mais je m'oublie, je me noie sous vos sollicitations.

Sollicitations – réponses

Sollicitations – réponses

Sollicitations – réponses

Sollicitations Sollicitations Sollicitations-réponses Sollicitations Sollicitations Sollicitations Sollicitations.

Wonder woman s'écrase le nez au sol.

Connaître ses limites, savoir s'entendre pour mieux écouter. Jamais on ne m'a appris. Jamais on ne m'en a parlé.

On m'a dit : les gens ont besoin : répond ! L'hôpital est ta famille, il a besoin : répond ! On m'a enseigné cela pendant des centaines d'heures de jour et de nuit, de semaine, de week-end et de jours fériés.

Ne jamais s'arrêter ?

Dire stop. Se poser. Pause. Si tu ne le fais pas, personne ne le fera pour toi.

Toujours se méfier des testicules qui tardent à descendre…

Elle m'appelle. Elle est inquiète. Je ne sais pas pourquoi, mais je sais qu'il faut la croire et l'écouter. Son fils, Marceau, a 4 semaines. Il était en siège pendant la grossesse. Il est né par césarienne, car les mesures maman-bébé n'étaient pas en corrélation. Son premier enfant, Juliette, a une anomalie cardiaque et a décompensé à 3 semaines de vie. Elle va bien maintenant, mais papa et maman ont eu leur lot d'angoisses. À cette occasion j'ai découvert les impacts sur l'enfant de la manière dont fonctionnait son cœur in utero et les quelques semaines qui suivent puis les suivantes. Bref, ce début d'après-midi-là, elle me téléphone et me dit qu'elle voudrait qu'on se voie. J'annule un rendez-vous et lui trouve un créneau. Elle a vu une pédiatre ce matin même qui lui a dit qu'elle était beaucoup trop inquiète, qu'il fallait se « détendre ».

Quand Marceau boit, il vomit en même temps qu'il tète. Ce n'est pas normal. Entre les tétées : il ne fait que pleurer. Son examen me paraît normal, sauf son testicule gauche qui n'est toujours pas descendu, mais un bébé en siège, et puis il a une échographie de contrôle dans quelque temps… Mais… ses vomissements en tétant : ça, ce n'est pas normal. Je rassure maman et je décide d'échanger avec la pédiatre. Je tombe sur le répondeur, mais je laisse un message, inquiète. J'évoque les diagnostics auxquels je pense, qui font peur et que je me suis bien gardée d'évoquer avec la maman. La pédiatre ne me rappelle pas. Elle téléphone à la mère, lui liste toutes mes hypothèses et soupire en disant : « on fait un bilan si vraiment vous êtes inquiète, mais franchement ! » La maman rétorque qu'elle pense que son bébé ne va pas bien. Elle n'est pas excessivement inquiète, juste les signaux qu'il lui lance ne sont pas normaux. Elle voit le deuxième pédiatre la semaine suivante sur ma demande : le testicule gauche est coincé dans une hernie inguinale. Marceau est opéré.

Libéral[3]

Discussion avec mon pédiatre préféré

LIRIO à ANTOINE

« Bonjour Antoine,

J'ai rencontré la semaine dernière Axelle, bébé de 7 semaines. Poids de naissance 3420 g.

Naissance à terme+1 – sous péridurale-siège avec travail long et efforts expulsifs longs (35 min) – la maman ne sait pas me dire si une manœuvre particulière a été effectuée à la naissance. Axelle n'a jamais été allaitée. Elle m'est adressée par la kiné qui la suit pour une difficulté à mobiliser la tête vers la gauche et cette kiné s'inquiète, car Axelle est constamment en pleurs.

C'est le premier bébé du couple, papa raconte que depuis "la nuit de java" elle n'a pas cessé de pleurer.

Les parents évoquent des pleurs constants (ils décrivent des pleurs du quotidien "pas trop hard" et les moments de crise où ils troqueraient bien 4 h de pleurs habituels contre 1 h de phase intense) à chaque rencontre de pro de santé (cf. copie carnet de santé) et 2 passages aux urgences, démunis, où on leur a gentiment envoyé le : "Mais monsieur, madame, un bébé, ça pleure ! Il fallait y réfléchir avant de le faire !"… merci la bientraitance…

---

[3] Professionnel exerçant son activité seul et de manière indépendante sans contrôle d'une hiérarchie et sous sa responsabilité personnelle… (ça ne veut pas dire dans son coin, qu'on ne s'y méprenne pas !)

À 18 jours changement de lait Galliagest® et gel polysilane : le médecin traitant évoque un RGO[4].

À 1 mois lait de riz et elle parle d'intolérance aux PLV[5]. (pas d'antécédents familiaux) – poids 4120 gr.

À 6 semaines, mise sous inexium[6] – poids 4280 gr – périmètre crânien et taille qui augmentent.

Bref, maman semble à bout lundi dernier, mais ne pleure pas. Elle est constamment en mouvement pour que Axelle ne monte pas dans les pleurs.

À l'examen clinique c'est un bébé en hyperextension, qui est parti en hurlement dès que j'ai tenté de le mettre en ventrale ou de le regrouper. Impossible de l'avoir calme 3 min ou d'interagir avec elle. plis inguinaux OK – clavicules qui me semblent OK – pas de régurgitation sur 1 h 30 – pas de défense abdos – palpation qui me semble normale – peau légèrement eczémateuse – pas de reptation possible ni de réflexe tonique du cou à pouvoir tester – agrippement mains et pieds OK.

Nous parlons portage et massages généraux pour stimuler le système vague d'Axelle et je propose de les revoir lors d'un biberon et sur un autre horaire pour voir comment ça va.

Nous parlons de quantités : Axelle boit environ 500 ml/24 h et on suggère un réveil nocturne pour augmenter les doses – je lui confirme qu'Axelle fait son job en prise alimentaire.

Ce matin je revois donc Axelle, toujours dans le même état pendant 1 h 30, avec papa seul (qui bouge autant que maman pour maintenir Axelle en pleurs "soft"), car maman a déclaré vendredi dernier une névrite vestibulaire[7] (le jour où papa débute ses 3 semaines de congés pater).

---

[4] RGO : reflux gastro-œsophagien – et réflexion : pourquoi autant de bébés humains souffriraient d'une pathologie directement en sortant du ventre de leur mère ? Qu'inflige-t-on comme rythme et quantité à ces bébés ?

[5] Protéines de lait de vache.

[6] Médicament diminuant la sécrétion des acides gastriques.

[7] La névrite vestibulaire est l'inflammation du nerf de l'oreille interne. Elle provoque des vertiges soudains et intenses qui s'accompagnent de nausées et de vomissements et qui durent en général trois à sept jours.

Nous avons vu ensemble la prise d'un biberon qui a été laborieuse non pas dans la prise, mais dans le temps, Axelle semble douloureuse, mais je ne sais pas d'où, on dirait qu'elle prend sur elle pour téter et qu'au bout d'un moment c'est trop complexe (il était 10 h et dernier biberon à 5 h).

Nous avons évoqué les massages et le portage, mais je me demande si ce n'est pas trop pour elle, comme si elle cherchait le moins de contact ou d'interactions possibles.

Elle dort tout de même de 23 h à 5 h… où ils soufflent un peu…

Désolée pour le pavé…

Qu'en penses-tu ? »

ANTOINE à LIRIO

« Salut Lirio,

Je pense que ces situations se multiplient avec la maltraitance qui va avec.

Sans faire de polémique, on voit par cet exemple simple que nos politiques ont raison de dire que les enfants c'est simple et que les pédiatres ça sert à rien et que ça coûte trop cher.

Si je compte, elle a eu plus de 10 consultations depuis sa naissance et 2 passages aux urgences.

Qu'il serait tout de même intéressant de lui faire un score d'Édimbourg[8] à cette maman pour dépister la dépression du post-partum.

Que mine de rien on a conseillé 5 à 6 fois 90 - 120 chez un enfant de 3kg6 qui du coup régurgite et à qui on a filé 10 mg d'inexium on ne sait pourquoi puisqu'elle mange.

Je pense que réassurance pas facile alors que mère absente avec sa pathologie et que ça va se finir éventuellement en psy avec des troubles de l'attachement.

---

[8] Score permettant de guider sur une potentielle dépression postnatale.

Je pense qu'il faut arrêter de multiplier les avis pour ne pas perdre définitivement cette famille.

Pas sûr qu'elle ait quoi que ce soit de digestif,
mais difficile à dire sur l'histoire simplement
Faut-il que je les voie ? »

LIRIO à ANTOINE

« Alors on fait quoi ? On jette l'éponge ? On co-écrit un livre humoristique pour donner des pistes aux familles ? On crée un bibliobus de parentalité ? On ouvre une maison de naissance qui fait de la physio son cheval de bataille de la conception à 3 ans ? Parce que des tas de soignants s'en foutent, trouvent normal de faire des consultations de 10 min avec 3 personnes en face d'eux (maman, papa, bébé), n'y pensent même plus 3 h plus tard, ne se forment pas.... « bah y'a pas mort d'homme avec 10 mois d'inexium ou un bib de lait en poudre ! »

Merde, merde, merde… pardon.

BIEN SÛR que les pédiatres ne servent **pas** à rien ! Ils sont des repères pour les familles, pour les médecins généralistes, les sages-femmes qui savent dire « je ne sais pas ! », pour ceux et celles qui ont une intuition et qui ont besoin d'un deuxième regard plus éclairé et pour tous ces bébés qui ont vraiment un truc qui cloche !

Je ne sais pas pour cette famille si tu vas empirer le bazar en les voyant, je ne sais pas si ce bébé va bien ou non, je ne parviens pas à démêler le tout (il ne m'alerte pas comme Marceau [testicule dans le pli inguinal] ou Marguerite [tumeur bloquant le pylore] comme très peu de petits loups en 17 ans finalement. Mais tout de même 2 rencontres bien complexes…

En cette semaine mondiale de l'allaitement maternel, ce soir : j'ai envie de dire MILKTAMERE à ce système de 😬😬😬

Je hais la maltraitance, sous toutes ses formes.

Pas de yoga depuis 10 jours, ça se voit😌.

Je vais essayer de revoir la famille pour éviter encore quelqu'un d'autre et je te fais signe si je m'alerte, ça te semble bien ?

Bonne semaine de l'allaitement
[Je vais me faire un petit score d'Édimbourg] ».

ANTOINE à LIRIO

« J'ai relu ma réponse au vu de la tienne et en fait comme je suis un peu fatigué j'arrive pas à voir ce que tu as pu prendre pour une attaque perso je veux bien l'explication de texte.

Après je propose de la voir parce que je pense qu'il faut consolider la réassurance, mais j'imagine qu'avec la situation de la maman ce n'est pas forcément facile à organiser et donc j'avoue ne pas bien savoir ce que je peux proposer de plus.

Pour ce qui est des cas rares, mais graves que tu annonces j'avoue que c'est possible que je passe à côté de choses, il ne faut pas hésiter à me le dire, cela me fera progresser.

Et pour l'absence de yoga, j'avoue que oui ça se voit un peu, mais c'est peut-être pareil pour mon manque de sommeil.

Tiens-moi au courant.
Bonne semaine de l'allaitement
Et "milk ta mère" sérieux ! »

Graines ou bulbes

Marguerite ne s'appelle pas encore Marguerite. Elle ne s'appelle pas encore, car elle est dans le ventre de sa mère. Lors de la deuxième échographie, on découvre une masse dans le ventre de Marguerite. Ce n'est pas facile, un bébé, ça bouge tout le temps, ça n'arrange pas la personne qui le regarde en échographie ! Alors on fait plusieurs contrôles, on regarde, on affirme que ce truc a la taille d'un noyau de cerise et qu'il est sur l'ovaire puis non il est sur l'intestin ou dans l'intestin et à la taille d'un noyau d'avocat. Sa mère est très angoissée. Elle ne sait plus quoi penser. Nous, les soignants, non plus. Un truc sur l'ovaire implique une chirurgie qui n'est pas obligatoirement urgente, une masse sur l'intestin un peu plus. Et puis c'est un kyste bénin ou on parle de cancer d'un fœtus parce que c'est de cela qu'on ne sait rien dire et dont papa et maman ont peur finalement. Savoir… à quel prix ! La grossesse est donc un enchaînement de rendez-vous, d'échographies, de scanners, d'IRM, de rencontres, de spécialistes parfois alarmistes, d'autres fois très rassurants.

Marguerite finit par naître à terme dépassé… rester au chaud le plus longtemps possible, loin de tous ces examens. Évidemment.

À la naissance tout va bien et les soignants programment donc des examens à distance. Marguerite et sa mère rentrent à la maison. Marguerite est née il y a 3 jours. Mais quand j'arrive ce matin-là, dès que Marguerite tète, elle vomit tout en bloc. Rien ne reste depuis cette nuit. Depuis que le lait est en quantité. J'explique ce que je vois. Je fais un courrier et revoilà le duo de retour à la maternité. Notre masse est bien là. Taille d'une noix. Nichée juste à la fin de l'estomac sur l'intestin, elle empêche la vidange gastrique par le bas et du coup tout ressort… par le haut. Marguerite est opérée, rien n'est cancéreux. Le nouveau retour se fait 10 jours plus tard. Papa et maman ne veulent plus parler de ce moment, ils disent que Marguerite est née quinze jours après, qu'il ne faut plus parler de ce moment. Moi je glisse que Marguerite doit savoir, connaître son histoire même si ce n'est pas celle que papa et maman voulaient dessiner.

On choisit sa route, mais on ne commande pas au vent.

Dany Héricourt, *La cuillère*

L’égalité des sexes n’existera jamais

IVG – Interruption Volontaire de Grossesse. Volontaire ne veut pas dire facile. Volontaire ne veut pas dire sûre de soi. Volontaire ne veut pas dire sans émotion.

Deux semaines de retard de règles. Test de grossesse positif. Ce n’est pas le moment.

Elle arrive dans mon bureau. Le regard au sol. Son objectif : ne pas croiser le mien. Encore moins lire les faire-part de naissance accrochés au mur.

Il y a un an, elle a arrêté toute contraception, elle voulait retrouver son corps, avoir envie, désirer plus, se faire confiance, renouer avec son partenaire.

Et puis, test positif.

Ce n’est pas le moment.

J’explique les démarches, nous bloquons les rendez-vous.

J’ouvre les portes du questionnement. La décision est prise. Ce n’est pas le moment.

Veut-elle un créneau pour leur couple ?

Non. Elle n’en a pas parlé. Elle savait avant le test : les seins, la nausée, l’odorat, les règles qui ne viennent pas.

Mais tout ça, il ne l’a pas vu. Il ne l’observe pas ou plus assez. Il ne l’a sans doute pas mesuré quand elle a parlé d’arrêter de se protéger.

Ils ont aimé se désirer à nouveau, se donner l’un à l’autre.

Elle s’est transformée. Elle a décidé.

Elle va porter seule cette décision.

Il ne le saura peut-être jamais.

Ce n’est pas le moment.

Égalité des sexes.

Du haut de tes 5 mois

Que perçoit-on du haut de nos 5 mois ? On ne s'en souvient pas, mais je m'en souviendrai.

Ce matin, tu es venue avec ta mère. Elle avait des questions. Tu vas bientôt être gardée, elle va bientôt reprendre le travail.

Elle a dit une phrase que j'ai adorée : « on fait l'allaitement à la demande. À la demande de bébé et à la demande de maman. »

C'est tellement vrai. Simple vérité. Ceci est un duo. Un équilibre précaire sans cesse réajusté par les deux partenaires.

Mais tu en as marre. Nous parlons trop. Tu ne ressens pas notre intérêt. J'ai apporté aujourd'hui des carillons à vent, pour une recherche sensitive en séances de yoga prénatales.

Ta maman cherche les papiers. Alors je sors un carillon, je te regarde bougonner et je m'approche.

Le bruit est pur, cristallin, appelant le silence, stoppant la respiration.

C'est ce que tu fais. Tu t'arrêtes net. Hébétée, stupéfaite, subjuguée, métamorphosée. Tous tes traits tirés se sont lissés. Le bruit clair du métal et du verre. Profond. Encore quelques instants et nous voilà au Tibet, reposées, méditantes. Brad Pitt va bientôt passer la porte…

Toi, tu ne sais pas qui est Brad Pitt. 5 mois… tu oublieras. Moi, cet instant restera ancré, encré.

Le KOI et le AI

Souvent je me demande si notre cœur est fait pour aimer individuellement. Je me demande si nous avons des âmes sœurs vraies. Si les plaisirs du cœur ne changent pas au fil du temps et au fil du temps passé avec l'autre. Je me demande comment deux êtres peuvent rester complémentaires s'ils ne font que se croiser ou partager leur lit. Être ensemble lors des temps où nous sommes inconscients, voilà la réalité de notre quotidien. Sensiblement plus plaisant que d'être marié de force, vous en conviendrez. Parfois je me dis que les Japonais ont trouvé la clé. Il y a le Koi et le Ai en amour. Il y a le désir, la passion, l'amour partagé ou non et qui fluctue selon l'état physique, hormonal et émotionnel de la personne. Il y a l'amour inquantifiable, celui qu'on offre à son enfant, et réciproquement celui de l'enfant ou peut-être celui qu'on offre à un(e) époux (se) au fil du temps, celui qu'on appelle tendresse.

Mais le Koi et le Ai sont du même cœur, il ne peut y avoir de choix. Se sentir aimé, soutenu et à la fois désiré, protégé, écouté, valorisé, encouragé, tout cela doit-il incomber à la même personne ? Je ne le sais pas. J'aimerais imaginer un monde comme ECOTOPIA où chacun a un temps pour se retrouver, pour partager avec celui ou celle qu'il veut, pour créer, inventer. Un monde où l'on stimule l'équilibre permanent entre le sympathique et le parasympathique, entre l'adrénaline et l'ocytocine. Sans juger, sans glisser systématiquement les humains dans des cases, leur faire remplir des critères sociétaux étouffants. Après tout, les samouraïs écrivaient de la poésie.

Stylo plume

Écrire est un acte rituel pour moi, mais aussi vital, comme la respiration. J'ai besoin de prendre un objet qui glisse sur le papier, parce que parfois les émotions sont vives et qu'il faut que le crayon suive. La couleur remplit la feuille, mes réflexions et mes hésitations se lisent au stylo plume. L'encre s'accumule parfois. Le papier aussi a son importance, il boit mes mots, plus ou moins forts. Je le sens sous mes doigts.

Écrire est un acte où on se dévoile, la forme des lettres, le temps que j'ai devant moi. Les ordinateurs ont tout lissé, standardisé.

Alors je souris quand chaque jour l'un de vous me dit :

— Oh ! quelqu'un qui écrit au stylo plume, ça existe encore ?

Oui, ça existe encore. Je suis fière de faire glisser cette plume sur le carnet de santé de votre bébé. Les pages glissent, elles n'ont encore jamais ou si peu été tournées. Délectable. Et à cet instant vous reprenez :

— Et c'est un stylo plume avec les cartouches et les petites billes ?

— Oui. Avec les petites billes transparentes, mais… je ne les garde plus.

Mais vous êtes déjà loin, dans vos souvenirs d'enfance, les yeux brillants, les yeux dans le vague.

Les mercis

Il y a la rage au ventre, l'indignation, la colère du quotidien, bien sûr. Il faut pédaler, la face au vent et à la pluie pour calmer ces émotions-là.

Et puis, il y a la douceur, la délicatesse, la timidité d'un merci.

Parce que c'est difficile d'avouer merci.

Souvent c'est en catimini, c'est un cadeau devant la porte sans avoir toqué et là en ouvrant entre 2 rendez-vous, plouf surprise ! c'est sur le tapis, c'est enrubanné ou avec la plus belle des écritures et rien qu'à ce moment-là c'est déjà un cadeau.

Il y a de jolis mercis aussi. Jolis parce qu'ils sont par la poste, dans de grands emballages de papier kraft. Parce que ces mercis-là m'ont bien cerné. La poste, les timbres sont mon péché… j'écris au stylo plume, rappelez-vous !

Et puis, ceux par la poste viennent plus tard. Cela fait souvent des semaines ou des mois qu'on ne s'est pas croisé et vous pensez à moi en voyant le cadeau. C'est le cadeau personnel qui devient l'occasion et plus l'inverse.

Vos mercis, je les garde, précieux, pour les jours où le carré de chocolat et les coups de pédales ne suffisent plus.

Sans avoir l'air de réclamer, continuez !

On adore tous les mercis !

À ceux qui ne sont pas des brutes en blanc

Mon travail est un sacerdoce. Le plus beau métier du monde, disent les gens. Je n'ai jamais pensé faire ce travail. Pas une seule fois. Les concours sont là pour nous faire trouver notre voie !

Concours de médecine, mais surtout pas médecin ni les gens malades. J'ai grandi dans les internats des sous-sols d'hôpitaux, de parents très jeunes apprentis médecins. Alors la maladie, non ! Je veux faire un métier manuel : dentiste !

Le verdict tombe. Acceptée au concours, sage-femme est la place qu'on t'octroie.

On découvre le job, au fond on n'y a jamais pensé et c'est insidieux, progressif, il se glisse et nous moule comme une combinaison de plongée. Certaines parties sont difficiles à mettre, il faut se remonter les manches.

Et puis, on commence à réfléchir, à avoir suffisamment la maîtrise des gestes pour qu'arrive la poésie de la naissance.

On pense, on lit, on devient engagée. On s'arme chaque jour de sa passion et de sa conviction et on y va.

Toutes les graines ne germent pas, bien sûr, mais celles qui germent, celles qui poussent chez d'autres soignants. Ceux qui parfois sèment aussi des graines chez vous, alors la magie opère. Tout prend du sens, les milliers d'heures de travail n'ont plus d'importance, on vole au-dessus de la lourdeur de la tâche. Tout a du sens !

Alors, à vous les bienveillants, les écoutants, les enrichissants, les encourageants : merci pour ceux que vous accompagnez au quotidien !

L'envie de sortir du lit

Il y a l'histoire de ces petites tortues qui voulaient découvrir une île en plein milieu d'un lac. Tout le monde leur susurrait que l'île était trop loin, que jamais cela ne serait possible. Et puis un jour, elles se sont jetées à l'eau. Les autres animaux sont tous sur la berge, tous commentent, peu encouragent, certains parient.

Une seule parvient sur l'île. L'unique qui ne s'était pas retournée pendant la traversée.

Un martin-pêcheur qui survolait la course lui demande comment elle a fait. La tortue retire la mousse glissée dans ses oreilles.

« Excuse-moi, je déteste l'eau dans les oreilles, qu'as-tu dit ? Je n'ai rien entendu. »

Avec l'association que nous avons créée à plusieurs professionnels de santé pour faire de la prévention, nous avons rencontré cette semaine, les assistantes maternelles du secteur. Plutôt, 10 % d'entre elles. 50 personnes. Nous avions le ventre des acteurs juste avant une représentation, un magnifique trac. Mais dans la voiture en y allant, nous savions pourquoi nous étions là. La conviction d'être sur un chemin qui a du sens. Il est tortueux, il y a des croisements bien sûr, des loups derrière certains arbres. Mais il y a du sens, il donne l'envie de se lever le matin, de remonter ses manches et d'accepter la tâche !

Au questionnaire post conférence, à la question : après cette intervention, avez-vous envie de changer vos pratiques ? 100 % de oui.

Je te jure ça peut chémar

Grand Corps Malade

Les seins râpés comme de la noix de muscade

Vous voyez la petite rappe toute fine glissée avec les quelques noix que l'on achète dans un pot en verre au rayon épices. Cette maman était discrète comme les noix d'un petit pot et ses seins dans le même état que la muscade en poudre parsemée sur un plat.

J'arrive à ta demande. Tu as mis au monde Baltazar il y a 5 jours. On m'a vivement recommandé. Tu ne m'as jamais rencontré et j'arrive chez toi, avec mon gros sac, dans ton intimité la plus instable : juste après une naissance.

Tu regardes tes pieds sans cesse. Tu dis : « tout va bien, tout s'est bien passé » avec tes lèvres. Pourtant ton corps entier crie le contraire.

Tu es longiligne, les veines de tes seins sont au maximum de leur travail, tu me parles de montée de lait.

Moi je vois 2 placards rouges cuisants tirant vers le violet, je sais que la tension de la montée de lait à 5 jours, elle est moindre théoriquement.

Tu ne me dévoiles pas tout de suite les bouts de seins – noix de muscade, dessus tu as sparadrapé 2 minuscules coquillages, le sparadrap est collé en croix, comme « on ne touche pas ! ».

Ces coquillages semblent si minuscules sur ta poitrine en plein travail.

Délicatement tu découvres.

Pour la millième fois, mes poils se hérissent ? Tu es sortie la veille de la maternité dans cet état ! Ils ont encore osé !

Qu'importe la mère, elle est là pour encaisser : le bébé prend du poids !

Tes mamelons sont meurtris, comme frottés par la petite râpe qui est glissée avec les noix de muscade dans le petit pot en verre, l'odeur en moins.

Tu encaisses depuis 5 jours, tu ne montres rien. Quand j'insiste, que tu vois que j'ai vu, tu lâches : « OK 8/10 pendant la tétée en douleur. »

Ton compagnon est obligé de s'asseoir, il réalise soudain ce que tu endures 10 à 12 fois par jour depuis la naissance.

— Non, Manon, vraiment ?

Oui, vraiment. L'allaitement est instinctif, le bébé et sa mère s'ajustent ensemble, apprennent l'un de l'autre si tant est que nous leur en donnons l'occasion. Nous apprenons, nous devrions apprendre l'allaitement comme nous découvrons l'acte sexuel. Tout est sensation lorsque l'on fait l'amour, abolition du néocortex. Mais nous soumettons les femmes aux savoirs des soignants, qui ignorent bien souvent qu'ils ne savent pas. Tout entrave les réflexes du bébé. Tout est contre la gravité, tout inhibe les gestes instinctifs des mères en maternité.

Résultat : en 5 jours, tu as transformé tes seins en noix de muscade râpée.

#Milk ta mère

Aujourd'hui je revois Axelle. Deuxième rencontre. Elle a 7 semaines. Elle pleure tout le temps depuis son 3e jour. Parfois fort, parfois moins fort.

Sa mère ne sait plus cesser de se balancer pour permettre à Axelle de pleurer moins. Elle est à bout. Elle a consulté 8 fois des professionnels de santé, voit le kiné 2 fois par semaine et s'est rendue 2 fois aux urgences.

Là-bas, on lui dit tendrement : « mais madame, monsieur, un bébé, ça pleure, il fallait y penser avant ! »

Milk ta mère !

Axelle mange 90 à 120 ml 6 fois par 24 h. C'est ce qu'ont encouragé les soignants qui l'ont vue. Axelle pèse 3500 g. Elle mange donc 20 % de son poids en lait par jour.

OK, ça ne vous choque pas ?! Très bien alors, imaginons : je fais 70 kilos ; 7 litres de lait par jour cela correspond à 10 % de mon poids : comment seriez-vous en buvant 14 litres de lait par jour ?

Voilà ce qu'on impose à Axelle tous les jours. Alors bien sûr ! Elle n'en peut plus !

Milk, ta mère !

Derrière ça, Axelle pleure et régurgite… bien sûr ! Alors on donne 1 puis 2 médicaments, l'inexium des sauveurs, 10 minutes de consultation, temps d'écoute réelle qui frôle le 0, une ordonnance et hop au suivant !

Milk, ta mère !

J'oubliais, on change 3 fois le lait en 7 semaines aussi, parce que si elle continue de pleurer, de régurgiter, ben c'est le lait qui ne va pas.

Milk, ta mère !

Bordel ! à VOUS SOIGNANT on se remet 2 secondes dans la physiologie de l'espèce humaine : jusqu'à preuve du contraire un bébé né à terme est en bonne santé et va bien ! milk ta mère !

Remonte tes manches, et accepte !

Aphorismes et autres

CONGÉS MATERNITÉ : vision de notre société qui prend l'apprentissage de devenir mère pour un temps de loisir.

RÈGLES : moment qui rappelle aux femmes qu'aux yeux du monde elles sont sales dans cette période où leur corps fait RESET pour tenter d'accueillir de nouveau la vie.

MAÏEUTIQUE : art de se trouver en permanence le cul entre 2 chaises, profession médicale à compétences définies. Comprendre : quand on manque de bras dans un coin (pédiatrique ou gynécologique) les sages-femmes deviennent les Hommes de la situation, MAIS quand elles commencent à un peu trop réfléchir on leur suggère de rester à leur place de profession.
Synonyme : tabouret pliable.

MARS/AVRIL ET SEPTEMBRE/OCTOBRE : mois de vendange pour les sages-femmes, 9 mois après l'insouciance de l'été et les ovulations du Nouvel An.

ACTIVITÉ LIBÉRALE : profession exercée par une personne qui a décidé de réfléchir plus loin que les protocoles, elle paie sa liberté bien chère, on se méfie des gens qui pensent, ils pourraient être dangereux pour une société.

SAGE-FEMME : selon Florent Champy, profession à « pratique prudentielle », c'est-à-dire des professions qui traitent des situations à la fois singulières et complexes, accompagnées de fortes incertitudes.

★ *Elle n'a que du made in moi, j'ai refusé les compléments et j'ai bien fait ! son poids est parfait.* Florence, maman de Pia.

★ *L'allaitement c'est à la demande. Celle de maman et celle de bébé !* Daphnée et sa fille Jeanne.

★ *Je sens que tu ovules, ton odeur et ton comportement changent.* Laurent, conjoint de Aurélie sans contraception, parents de Anatole, Gabriel et Raphaëlle.

Il faut chercher en soi ce que son âme recèle. Des prières, des mantras, ce que la vie enseigne.

Gaël Faye

La vie

Aujourd'hui, j'ai fait beaucoup d'erreurs. L'erreur est humaine, me direz-vous, mais elle peut coûter la vie.

Balade à l'océan, petite vague par rapport à toute la semaine. Alors Lirio, tu fais ta maligne, toi la prudente, tu te dis qu'aujourd'hui ça le fait.

Tu n'es pas la seule, ton frère sort son paddle. L'objet où il est spécifiquement notifié : « pas dans les vagues, merci ! » Très vite, il se retourne une fois, 2 fois, 3 fois, 10 fois. Il ne parvient pas à sortir des vagues. Il fait des signes.

Alors, on y court, émotions de merde. 0 % de raison, voilà pourquoi on ne soigne pas les siens ! On ne sait pas réfléchir.

Dès la troisième vague, je sens que je ne vais pas gérer. Je hurle. Le bruit des vagues étouffe les miens. Il est trop tard, mes pieds et le sol ne se frôlent plus. C'est moi avec moi. Mon fantasme de Brad Pitt sur un zodiaque en image subliminale.

Que dalle, l'idée de la vie qui défile, des images des enfants, ton chéri… Un seul objectif : RESPIRER.

Premier et dernier acte de la vie. RESPIRER, RESPIRER ENCORE.

Ne pas chercher à lutter contre un élément qui de toute manière est plus fort. Faire avec lui, prendre chaque vague pour ce qu'elle est. RESPIRER ENCORE.

Le temps et sa relativité, chaque minute entre 2 vagues semble une seconde. Chaque minute dans la vague semble une éternité.

La plage est loin. Mais où est Brad Pitt ? Merde ! Son zodiac et son bras musclé qui me sortent de l'eau ! Plusieurs fois le sable effleure de nouveau mes pieds. La plage se rapproche donc. Combien de temps encore ?

Quand le sable est sous mes pieds, officiel, mes jambes ne me portent plus. Le 4 pattes apparaît, la seule alternative, mais les vagues sont toujours derrière, sans relâche, elles me roulent comme une pâte brisée que je suis.

On vient me chercher, je m'assoie, incapable de regarder où en sont les autres, mon frère, mon père, ma sœur… Je suis essoufflée, livide, semble-t-il.

Les enfants sont inquiets. Les chiens ont tenté de venir. Les secours sont au téléphone… au téléphone…

Soi avec soi. C'est tout.

1. Le paddle en mer, mauvaise idée, c'est écrit dessus.

2. On ne se rue pas en mer pour secourir quelqu'un, sauf avec un matos adapté.

3. On ne se prend pas pour Vaïana de Motunui, il n'y a que dans les Disney qu'on boit de l'eau salée en chantant.

4. Le téléphone des secours en mer : 196.

Lirio surnommée Iode depuis ce jour.

Autorité et humiliation

Petit « Milk ta mère » du jour. Un couple que j'ai rencontré avant la naissance plusieurs fois vient de mettre au monde sa petite fille. La maman m'appelle pour que je passe à la maison.

Elfie a 7 jours.

Le sein gauche de maman est rouge et douloureux et maman fait de la fièvre depuis la veille de la sortie de la maternité.

L'institution a parlé : ce n'est rien, c'est de la fièvre liée à la montée de lait a-t-on assuré.

Je ne dis rien, mais ce sein est enflammé au possible, crevassé et la douleur est à 10/10 lors d'une tétée.

Alors nous mettons ensemble des choses en place. L'autre sein est mieux. La position « apprise », nous la faisons disparaître pour que le corps à corps maman-bébé se mette en place, douleur 1/10 puis 0/10 sur le sein droit : petite victoire.

Papa ne cesse d'embrasser son bébé, ils m'ont fait disparaître de l'équation, j'appartiens aux murs, l'ocytocine va pouvoir faire son job : deuxième victoire.

On se revoit 48 h plus tard. Je sais que cet allaitement est fragile alors je suis vigilante, je liste tout ce qui est une force dans ce couple pour m'en servir comme soutien. Les antibiotiques font effet. J'explique le fonctionnement du sein, du bébé sur les premières semaines, de la mastite infectieuse, le fameux poids et la courbe de bébé.

Tout est de mieux en mieux, on se revoit 2 jours plus tard. Mais entre-temps, ce petit matin, madame la puéricultrice de PMI, vous faites votre entrée. Vous ne connaissez personne. Vous êtes informés par la maternité des accouchements qui ont eu lieu. Votre passage est imposé aux familles, sauf si elles font la démarche de vous dire non avant le jour J… (en se rappelant qu'elles sont à la maternité quand la convocation arrive dans la boîte aux lettres).

Bref, vous passez le pas de la porte et tout de suite vous jugez. Vous sermonner papa, car sa fille n'a pas de bonnet (un problème sur un bébé de 13 jours, né à terme, dans sa maison à 20 °C ?). Tu continues, tu cries au scandale sur la manière dont ce bébé tète, qu'ils ont osé le laisser dormir 5 h cette nuit (la première fois en 13 jours) qu'à ce rythme-là leur fille « ne passera pas le week-end ! »

Comment peux-tu dire cela ? Comment oses-tu ?

Tu déblatères sur les compétences des sages-femmes, leurs incompétences après l'accouchement, les décisions que j'ai prises (qui en fait ne sont pas les miennes, mais les toutes dernières recommandations internationales en allaitement, oups !). Mais tu sais, finalement, ce que tu penses de moi, je m'en moque.

Tu immisces surtout le doute dans cette toute jeune famille, tu fais preuve d'autorité, sous leur toit ! Tu les humilies dans leurs actes et leurs choix de parents.

Qui es-tu pour te permettre cela ?

Ce soir, après ce massacre que tu as semé, j'ai passé 2 h à enlever graine à graine tes mauvaises herbes.

Ce soir, sur mon vélo, mes coups de pédales étaient pour toi.

Ce soir, comme si ma playlist le sentait, elle m'a glissé INVAINCU de Stromae dans les oreilles et tu étais ce cancer.

Salomé

Tu es grande. Tu es du nord, forte, ossature généreuse.

Tu es bouchère-charcutière – évidence.

Tu luttes contre ton poids, tout le temps. Alors que tu imposes à ton corps un sommeil quotidien miniature, des journées à rallonges, à proximité de la nourriture constamment. Difficile.

Lorsque tu es enceinte la première fois, tu as peur, cette prise de poids, ce corps qui change si vite alors que tu ne l'aimes déjà pas beaucoup. Bien sûr tu veux mettre au monde sans anesthésie. Je le savais avant que tu ne le dises, tu veux tellement faire payer ce corps finalement.

Cette naissance est longue, très longue, mais le petit bout de toi qui voit le jour, te fais surmonter quelque chose, tu es fière, tu allaites, tu maigris sans rien vouloir… la magie.

Tu me donnes des nouvelles, régulières, fidèles. Je suis toujours flattée d'être dans vos pensées.

Nouvelle grossesse, mais cette fois tu es fragile dans ta tête, quelque chose s'est fissuré. C'est discret, c'est tout doux, mais ça se palpe. La grossesse est moyenne, les paillettes ne sont pas là. La naissance, on te la vole. À 9 cm, si proche de la fin, voilà que le Docteur, anesthésiste expert de son état, décrète que : « non ! une grosse, ça n'accouche pas sans péridurale, trop risqué ! »… 3 ans plus tôt, cela n'a dérangé personne…

Tu oses souffler un non pour cette péridurale, toi qui as bien d'autres choses à gérer à cette étape de l'accouchement. Alors on te menace de mort, rien que ça ! On te l'impose haut et fort : une péridurale tu auras !

Tu mets 4 h après ce geste pour de nouveau contracter, tu déclares : « Je n'ai rien fait, je n'ai pas mis au monde. » Les fissures augmentent insidieusement.

Ta confiance en toi n'est plus là. Tu doutes, l'ocytocine ne remplit plus son job, ton lait ne coule pas, CQFD.

Alors tu passes au lait en poudre, ton corps ne maigrit pas, tu le remplis de nouveau, car tu ne te sens plus à ta place, tu te sens inutile, futile, la dépression du post-partum s'installe.

4 ans plus tard, il y a encore de gros bas. Tu fais toujours pareil, tu me donnes des nouvelles. Tu pagaies sans relâche, mais colmater les brèches c'est un travail d'orfèvre.

Cet anesthésiste-là, n'a aucune idée de ce qui s'est fissuré en profondeur, de ce qui s'est joué, ce que sa peur de la complication a engendré sur ta vie, ta famille, ton corps, ton esprit, ton petit garçon et votre relation. Cette ocytocine de synthèse qu'on a injectée ensuite pour que tu re-contractes, qui sature les récepteurs et qui majore les dépressions[9]. Quand en parle-t-on aux couples ? Dans notre culture de la programmation de la naissance, du tout vite.

J'essaie de faire en sorte de pagayer un peu avec toi quand tu me le demandes, de rendre le courant plus propice. Je repense souvent au jour où j'ai senti que tes petites fissures devenaient des crevasses et que rien ne pouvait plus changer la donne.

Pour les femmes, pour toi, bats-toi, ne lâche pas !

---

[9] 1. Gu V, Feeley N, Gold I, Hayton B, Robins S, Mackinnon A, et al. Intrapartum Synthetic Oxytocin and Its Effects on Maternal Well-Being at 2 Months Postpartum. Birth Berkeley Calif. mars 2016 ;43 (1) : 2.
2. Kroll-Desrosiers AR, Nephew BC, Babb JA, Guilarte-Walker Y, Moore Simas TA, Deligiannidis KM. Association of peripartum synthetic oxytocin administration and depressive and anxiety disorders within the first postpartum year. Depress Anxiety. 2017 ;34(2).

Respectueusement Dr Spéculum

Ce couple t'a choisi. Il te fait confiance.

Tu leur parles de la courbe de poids à la 3e échographie, qu'il va falloir surveiller. Ils sont inquiets, ils sont tous les 2 fumeurs et de petits gabarits, tout de même bien de se le rappeler.

Juste avant tes vacances, à un mois du terme tout va bien. Tu es rassurant… mais tu bloques tout de même un nouveau contrôle à 15 jours – juste après tes vacances.

C'était ce soir, le retour, la consultation est expéditive, sûrement une journée surbookée de reprise. Tu déclares que bébé n'a pas assez pris en 15 jours, on déclenche demain !

Papa t'interpelle, pour nous son ventre grossit encore ?

« Monsieur, ça, ça ne veut rien dire, c'est moi l'expert ! »

— OK, mais on peut se préparer, organiser un peu ce déclenchement ?

— Non, monsieur ! La naissance, ça ne s'organise pas, je ne prendrais pas le risque d'attendre 2 ou 3 jours, ce n'est pas parce que je suis de garde demain que je déclenche, j'aurais fait pareil si ça n'avait pas été moi !

— Et si on refuse ?

— C'est la mort de votre bébé que vous souhaitez ? Parce que là on parle de ce risque-là ! moi, je ne le prends pas.

Alors Dr Spéculum, tu es inquiet ? Tellement inquiet que tu ne les laisses pas réfléchir 24 h, tellement inquiet que tu veux faire naître ce bébé à qui il reste 10 jours tout au plus dans le ventre de sa mère, mais pourtant, tu ne fais pas d'analyse du rythme cardiaque de ce bébé, pourtant tu n'organises pas d'hospitalisation dès ce soir, tu ne déclenches pas dès ce soir… où tu n'es pas de garde.

Papa et maman me téléphonent, déboussolés, absolument pas prêts, ni sereins à mettre bébé au monde. Maman pleure, elle a peur.

Parfait, on a tous les ingrédients de ta petite césarienne Dr Spéculum, parfait bien orchestré.

Dommage pour toi… il y a encore des sages-femmes. Moi, mon credo c'est le respect et le libre choix du couple, c'est l'honnêteté que les gens veulent. Ils savent que ce n'est pas une science exacte, l'humain. Alors je ne défends pas tes arguments. Oui ce bébé est petit, oui c'est très probablement lié à votre tabac à tous les 2. Mais il suit sa courbe.

J'explique, je redonne foi en la mise au monde. Je réexplique patiemment, je fais rire (tu sais l'ocytocine, Dr Speculum, elle vient avec le rire, la détente, elle hait l'adrénaline et le stress, conn… !)

Maman aimerait que ce soit cette nuit, bébé et moi, on s'est effleuré à l'intérieur du col de sa mère, à travers cette poche des eaux. Je lui ai glissé la marche à suivre et… Ne soyons pas prétentieux, nous n'avons rien fait, juste bébé était prêt ou comme il est de nature provocateur, que papa et maman étaient motivés…

Il s'est pointé 10 minutes avant que tu ne commences ta garde Dr Speculum !

Il va falloir que tu changes tes habitudes, je continuerai d'enseigner aux parents pour qu'ils puissent choisir, accepter et refuser de manière éclairée ce que nous proposons. La décision leur appartient, nous n'avons pas de pouvoir sur eux ! Un jour, la peur et les menaces ne marcheront plus jamais. Nous sommes faits pour enfanter, il n'y a qu'à regarder le nombre d'humains qui peuplent cette planète.

Rappel : les samouraïs pratiquent la calligraphie et écrivent des poèmes.

Hachée menu

Aujourd'hui, vous m'avez haché menu.

Depuis 6 h 30 ce matin, vos messages affluent. Vos sollicitations urgentes ou non urgentes passent dans votre esprit. Aussitôt, vous tapotez sur vos portables. Oubliée la personne qui réceptionne !

Lorsque l'on écrit une lettre manuscrite, on réfléchit, on prend son temps, parfois on rature, on brouillonne et parfois même cette lettre n'atteindra pas son destinataire, car on a trouvé seule la solution pendant la rédaction.

Avec les messages, cela va vite. Trop vite. Le message se rédige lui-même depuis les téléphones et leur programme intuitif.

Moi, je suis à l'autre bout. Je travaille en même temps. Je dois me catapulter d'une histoire à l'autre, d'une ambiance à l'autre.

Parfois, souvent, vous ne signez même pas votre message. Imaginant que nous rentrons tous vos numéros dans le téléphone ? Que vous êtes fort peu à nous envoyer des messages ?

J'essaie le plus possible, de toute ma force, toute ma conviction et ma rigueur de vous répondre. De faire que chacune de vos histoires soit unique.

Mais rappelez-vous, pendant ce temps-là, je vous reçois aussi en rdv, avec vos colères, vos doutes, vos pleurs, vos histoires, vos fatigues. J'absorbe tout.

J'éclaircis pour vous, pour moi, pour dépatouiller le normal du problématique.

Ce soir, je termine. J'ai travaillé 11 h. J'ai fait 2 pipis et me suis stoppée 12 minutes pour manger.

Vous m'avez hachée menu. J'espère que le hachis parmentier a servi.

Zoé

Tu n'arrives pas facilement. Ton frère est mort l'an dernier. Avant de naître.

Pour tes parents c'est difficile. Pour qui ce ne le serait pas.

Mais quand tu arrives, ils ont mis tellement d'espoir, ils t'ont tellement imaginée. Bien sûr, tu ne ressembles pas à leur bébé imaginaire et dans un sens tant mieux ! Mais ça, c'est difficile pour eux. C'est difficile pour toi.

Tu leur racontes. Tu leur racontes tellement qu'ils n'en peuvent plus. Tu pleures. Tu pleures beaucoup. Tu les cherches tout le temps et tu racontes.

Cela fait 10 semaines que tu es là, toutes les nuits, tu pleures. Tous les jours, tu pleures. Ils se sentent si désemparés, ils se sentent si nuls. Ils ne le sont pas. Ils appellent à l'aide. Ils ont peur de te faire du mal tellement ils sont fatigués. Alors ils te mettent dans une autre pièce pour que tu pleures ailleurs. C'est difficile. Tout cela, tu me le racontes. Ta mère me le raconte. Je tente d'agrandir le maillage autour de vous pour que cette tension s'atténue autour de votre trio. J'alerte, j'écoute, je glisse des informations de prévention, mais au fond de moi chaque soir, Zoé, je t'envoie une pensée, pourvu que cette nuit ne soit pas la nuit trop difficile de trop. Pourvu que le maillage autour de vous te protège.

Chaque année, des bébés secoués arrivent aux urgences, chaque année, de tout type de famille. Chaque année des accidents irréversibles. C'est si difficile de ne pas être le bébé parfait.

Reviviscences

Dix-huit jours que j'ai bu la tasse. Au sens propre.

De l'eau de mer. La vraie. Par tous les trous possibles.

De manière rythmique. Cadencée par les vagues.

Submerger puis prendre tout doucement le bon pas de cette danse imposée par l'océan, pour ne pas se noyer.

Plusieurs nuits avec ce goût salé, à mesurer profondément le sens du verbe respirer.

Puis peu à peu tout s'apaise. Les rêves deviennent plus variés. Les nuits moins iodées.

Mais aujourd'hui, footing. Effort intense sur le fractionné, le cœur qui s'accélère, la respiration à aller chercher plus loin, le souvenir revient.

Les vagues, les muscles des cuisses, des mollets qui ne doivent pas flancher.

Faire revenir la respiration dansante, ne pas se laisser submerger.

Mon corps et moi, nous avons encore quelques brasses à couler.

Protocole, what'else ?

Depuis le confinement nous avons mis en exergue les dépressions du post-partum, trop négligées, paraît-il. Cette période de la vie où, selon les stats, les femmes se suicident le plus.

Alors on pond un protocole dans les maternités. IL FAUT quantifier messieurs, dames pour prendre le problème à bras le corps !

Toutes ces jeunes mamans se retrouvent à 72 h de la naissance à remplir un questionnaire de dépistage avec comme type de questions : avez-vous pleuré ces dernières 48 h ? Vous êtes-vous senti dépassé ? Avez-vous une faible estime de vous ?

WHAT ?

Toutes les femmes qui ont accouché et tous les hommes qui les ont accompagnées qui me lisent répondent oui à ces questions… naturellement oui !

Nous appuyons, avec ces questions, sur un processus physiologique normal et nous le transformons en pathologie.

Par contre, l'information scientifique que l'ocytocine de synthèse utilisée, lors des accouchements et des délivrances sans accord, majore les dépressions du post-partum, que la douleur des contractions est un précurseur de la libération des endorphines, elles-mêmes activatrice de la prolactine. Cette même prolactine impliquée dans les comportements maternels, la production de lait et le sommeil, tout cela tout le monde s'en fout. Milk ta mère le protocole !

Les feuilles qui tombent connaissent la chorégraphie du lâcher-prise.

Gabrielle Filteau-Chiba, *Sauvagines*

Chiche

Carlos Gonzales. Pédiatre espagnol. Je viens de finir ton livre. Quelqu'un d'autre pense comme moi ! Soulagement.

Chiche, on arrête de croire que chaque fois qu'un bébé ne prend pas « assez » de poids c'est parce qu'il est allaité. On arrête de ne chercher ce qui ne va pas uniquement quand ils prennent des biberons de préparations pour nourrissons. Et de se dire que quand ils râlent et qu'ils sont allaités et bien, c'est de la faute de l'allaitement, pardi !

On accompagne le développement physiologique de l'enfant. On lui fait confiance. On ne met pas la bonne santé d'un enfant dans les mains uniques d'une balance !

Chiche, on arrête de peser les bébés tout le temps ! On reste clinique : miction qui augmente, selles qui se transforment puis 6 mictions quotidiennes, selles jaunes de lait et roulez jeunesse !

On pourrait imaginer que l'on contrôle le poids à J+15 de vie, il a repris son poids de naissance, OK parfait puis 1 fois par mois et on corrobore cela avec le périmètre crânien et la taille, svp ces bébés ne sont pas que des poids !

Au lieu de ça dans la vraie vie, nous, soignants, pesons les bébés tous les jours jusqu'à la sortie de maternité puis 2 ou 3 fois la semaine suivante et le verdict tombera selon le chiffre. Ce lait est assez nourrissant ! Sérieusement, les mères feraient-elles un lait non adapté à leur petit ?

La pérennité d'une alimentation la plus adaptée à l'enfant est juste sous l'influence de balances… Maudit soit le caca de la salle d'attente, béni soit la tétée avant pesée, parce qu'on en est tristement là pour les parents.

Ridicules soignants. Nous avions appris la clinique, l'observation, le ressenti au bout des doigts. La paraclinique, les examens de plus en plus poussés, sophistiqués, accessibles ont fait de nous des cocheurs de cases. Observer prend trop de temps. Cliquer et imprimer les examens complémentaires c'est rapide. Mais réfléchir, observer, valoriser, soutenir, faire que ces jeunes parents se fassent confiance, aient foi en leur bébé, oui c'est long, mais je crois que c'est là notre mission.

Si cela vous saoule, si vous n'y trouvez aucun intérêt : arrêtez ! Vous faites des dégâts et notre mission première, AVANT DE SOIGNER, c'était : ne pas nuire.

Sorry, j'ai plus de chocolat et je n'ai pas fait de yoga !

Primum non nocere - D'abord, ne pas nuire.

Hippocrate

Je m'interroge

C'est la deuxième femme que je rencontre qui a subi une mastectomie[10] bilatérale préventive. Elles ont fait la demande, car porteuses d'une mutation du gène BRCA 1 ou 2. Depuis quelque temps, il a été identifié que les gens porteurs de cette mutation ont un risque plus élevé que la moyenne de développer un cancer du sein ou de l'ovaire. Je n'ai pas assez planché sur le sujet pour vous affirmer le degré de certitude de leur statistique. Toujours est-il que cette femme choisit, après 2 grossesses et 2 allaitements, le retrait de ses 2 seins. C'est plus difficile qu'elle ne l'avait envisagé : ce corps, reconstruit tout de suite, mais qui ne lui appartient plus vraiment. Ces seins qu'on caresse comme les siens, mais qu'elle ne sent plus.

La vie fait qu'elle met au monde une troisième fois et là bien sûr, plus de sein, pas d'allaitement. Mais voilà que ces 2 seins, théoriquement, chirurgicalement vidés de leur glande, de leurs canaux, de leur brocoli comme je le caricature si souvent, se mettent à perler de lait.

C'est beau la vie.

Du coup, je m'interroge. On a retiré, pour être sûre de ne pas mourir de ce potentiel cancer, on ne va donc plus vérifier… et pourtant ils coulent, alors ? On en a oublié ? Ces chirurgies préventives sont-elles nécessaires ? Nous mourrons un jour, quoi qu'on en dise ou en décide. Les allaitements permettent la vérification de toutes les cellules du sein, leurs analyses transgénérationnelles ont-elles inclus toutes les vertus de cela ?

[10] Ablation des seins théoriquement sur un cancer dans la définition médicale.

O.S.C.I (Objet Sanglant Complètement Identifié)

Ils ont beaucoup travaillé sur cette naissance, Lui comme Elle. Leur premier bébé était en siège, tout a été orchestré d'une main de C.H.R.U : mesure bassin de maman/mesure bébé : données non concordantes/programmation césarienne/naissance à la chaîne/arrivée la veille de l'acte/à jeun-horaire-naissance. Tout est orchestré.

Alors cette fois-ci, ils se disent que non. Que la vie aura cette beauté d'avoir conçu ce bébé spontanément, humainement, et que la naissance aussi sera de cette couleur.

Naissance sur plateau technique on appelle cela.

Une sage-femme libérale loue une pièce en maternité. Attention pas une salle d'accouchement, l'institution ne prête pas son matériel ! La naissance aura lieu dans les murs de l'hôpital, mais l'intérieur de cette pièce n'est pas sous la responsabilité de l'hôpital.

Le travail se passe bien pour cette famille. L'expulsion bloque. Ils doivent passer les portes et entrer sous la responsabilité hospitalière.

Maman crie lors de cette ventouse pour faire tourner ce bébé. La gynécologue peste, « elle aurait fait comme tout le monde, elle aurait eu une péridurale et n'aurait pas crié ! »

Mais c'était son choix, cette naissance, ose dire papa.

Ils demandent à ce que le cordon soit coupé plus tard… On n'a pas le temps, madame, ici on travaille !

Ils auraient aimé récupérer le placenta, l'O.S.C.I., mais… impossible ! Il appartient à l'hôpital, c'est un déchet réglementé.

Sinon c'est cette femme qui l'a fabriqué… mais mieux vaut être prudent, on ne sait jamais, elle pourrait le vendre sur le Darknet, le manger ou pire : le planter dans son jardin aux pieds d'un arbre… Il ne manquerait plus qu'accoucher soit écologique maintenant !

Gaston

D'une mère spontanée
Et d'un père apparemment relaxé
Tu es né
Fraîchement briefée, ta mère a bien géré
Mais depuis ta venue
Pour parvenir à te rendre repu
Tu me donnes du fil à retordre
L'élixir si précieux qui coule de la féminité semble peu te rassasier
Patient tu es Gaston
Aidants et solidaires pour que l'or inonde ta couche
Je ferai de mon mieux pour guider tes parents
et que l'on trouve le juste milieu
Entre prise de poids et corps en émoi
Bienvenue « Piou-Piou »
Dans ce monde qui, pour toi, se veut si doux.

Jusqu'où

Passionnée, entière, je ne parviens pas à me détacher. Les femmes, les hommes et leur tout-petit me happent. Je ressens le devoir de les aider coûte que coûte. Je retourne la situation dans tous les sens jusqu'à ce qu'elle s'ajuste à la famille. Je ne m'autorise aucun échec. Comme si l'humain en était capable. Nous vivons dans un siècle où tout doit être maîtrisé, les coûts, les recettes, les mariages, les divorces, les naissances, les enfants et leur rythme. Tout doit intégrer une case. Moi, j'essaie de nager à contre-courant (ça ne réussit pas toujours… en théorie comme dans la pratique).

Parfois ça rate. J'essaie de faire découvrir aux parents que l'enfant est un losange incapable d'intégrer la place rectangulaire qu'on lui a réservée. Décaler les limites que ces adultes se sont fixées pour leur permettre d'accueillir leur tout petit. Pouvoir avancer pas à pas, savoir valoriser leur instinct si enfoui par des décennies de refoulement !

Faites-vous confiance ! Au fond de vous, vous savez, vous connaissez mieux que personne cet enfant… Même que vous en avez été un autrefois.

Soigner c'est pas de la tarte. D'abord il faut écouter les autres nous raconter leur vie.

En morceaux, par brides. Ce qu'ils veulent bien nous en raconter. Et ça n'est pas facile de dire qui on est.

Soigner, c'est un travail d'interprète. La musique, c'est le chant des patients.

Et puis, il faut les regarder. Enfin, regarder ce qu'ils veulent bien nous montrer. Et c'est pas facile de se mettre à poil devant un étranger.

Soigner, c'est un travail de photographe, les paysages, c'est le corps des patients.
Après, il faut répondre aux questions. Explicites ou implicites et donc parfois deviner.

Soigner c'est un travail de détective. Le mystère, souvent, même le patient ne le connaît pas.
Autant dire que ça ne se fait pas comme ça.

C'est long, c'est lent, on avance dans le brouillard et on trébuche sans cesse alors qu'on est censé tenir la lampe.
Eh bien, ce boulot pas simple, il y a des gens qui le choisissent.

Martin Winckler

NOTA BENE : une sage-femme, elle, accompagne des gens en bonne santé, dans une phase transitoire, chrysanthème de leur vie, mais tout de même en bonne santé la plupart du temps. Donc jamais des patients !

Don

Au tout début, il y a maman et papa, mais ils ne le savent pas encore.

Un jour, cette petite envie de créer une famille grandit jusqu'à devenir le sujet de tous les jours. Tu n'es pas encore fabriqué qu'on parle de Toi !

Il faut de l'amour, de la magie aussi pour fabriquer un petit homme. Il arrive que le corps des parents ne parvienne pas à activer cette magie. On ne sait pas toujours pourquoi.

Alors il faut trouver le scintillement et la poussière d'étoiles de quelqu'un d'autre. Papa et maman ne la connaissent pas, mais à la maison, on l'appelle : la Fée.

Grâce à l'aide de la Fée, la magie se met à prendre. Tu grandis dans le ventre de maman, au rythme de son cœur, de sa voix.

Pour toujours coule dans ton âme et dans tes veines, l'équation des trois : papa, maman et la Fée.

Bonapace

Julie Bonapace est une québécoise qui s'est interrogée sur le processus de la douleur dans l'enfantement. Ses recherches ont conclu que les femmes avaient besoin d'un environnement sécure et de personnes de confiance autour d'elles pour mettre au monde leur bébé. Elle enseigne aux sages-femmes comment rendre les couples acteurs à la naissance. Ma collègue et moi avons fait venir cette intervenante en France en créant un groupe de sages-femmes motivées et en 2016 nous étions une vingtaine à suivre son enseignement.

Première séance

Je l'ai préparé toute la soirée, j'en ai rêvé toute la nuit. Voilà que mes 2 heures à conforter un couple dans sa capacité à enfanter passent comme une fusée.

J'ai adoré, je n'ai pas du tout rentabilisé, mais tant pis, je m'en moque ! Ma paie est de renforcer la confiance en ce couple à être parents.

Merci Julie !

Deuxième séance

Il n'y a pas que moi, cette fois-ci, eux aussi ont terminé le rendez-vous, conquis, plus unis. Ils s'ouvrent l'un à l'autre, retrouvent l'origine première d'avoir voulu faire un enfant ensemble. Massage des hanches, du sacrum, la lumière se tamise. Ils sont complètement l'un pour l'autre et pour cette naissance. C'est gagné : je fais partie des murs !

Troisième rencontre

Ils se métamorphosent. Ils sont de plus en plus proches et complices.

Bilan de fin de séance :

– Elle n'a plus la péridurale comme option pour cette naissance dans son discours.

– Lui se sent dans une aventure totalement différente de la première naissance.

– Elle compte sur lui.

– Il est fier d'être acteur dans cette aventure : ils vont mettre au monde leur bébé !

Ils s'investissent et c'est succulent à observer, tout est en complicité, en communication non verbale.

Dernière préparation

Ils se livrent totalement, lui encore plus qu'elle. C'est comme si, enfin, il avait sa place.

Ils ont hâte que vienne le moment de mettre au monde cet enfant, ils sont comme 2 gamins excités par l'entraînement et ayant hâte de le mettre en pratique. Ils s'investissent énormément, s'ajustent dans les exercices à la maison, se sont fait un planning. C'est un projet de couple cette naissance.

Ils ont mis au monde ce bébé sans péridurale, en moins de 4 heures et uniquement la dernière heure à la maternité où papa conclut : « finalement à part nous proposer une péridurale, l'équipe ne savait pas composer avec cette douleur. Je savais mieux faire avec elle. » Son sentiment de confiance en lui et de ses compétences sont là, un père a éclos de cet homme.

L'une des clés du succès est la confiance en soi et l'une des clés de la confiance en soi est la préparation.

Arthur Ashe

À titre d'information

Mardi dernier, une maman qui va accoucher dans votre maternité se rend dans vos services d'hôpital de jour.

Cette maman est enceinte pour la 5e fois. Elle a perdu un bébé et cette fois-ci la poche des eaux s'est percée à la moitié de la grossesse. On surveille donc que la mère et l'enfant ne s'infectent pas. Ce bébé est trop petit pour survivre s'il naît donc maman est à la maison et on lui recommande de rester allongée le plus possible pour que le plus de liquide reste dans la poche. Une sage-femme de vos services, qui ne connaît pas son histoire, se permet de la juger et de l'infantiliser comme nous le faisons si souvent en soin…

À savoir, je cite : « vous êtes obèse, âgée et votre bébé est gros donc vous cumulez les facteurs de risques de diabète. »

Je ne mets pas en doute le fait raisonnable de faire ce dépistage, mais il y a des façons de le formuler. Toujours avec le même ton, de continuer : « et si vous voulez votre célestène[11] la semaine prochaine, il va falloir se bouger pour le test et ne pas passer son temps dans le canapé ! »

Quand on discute avec cette maman ou si on lit son dossier avant de rentrer dans la chambre, on se rend compte que cette dame est alitée depuis 5 semaines, qu'elle n'a pas grossi depuis ce diagnostic malgré le canapé imposé, l'angoisse, l'incertitude sur l'issue de cette grossesse.

---

[11] Le célestène est un corticoïde qui va activer la sécrétion de surfactant pulmonaire. Ce surfactant permet aux alvéoles pulmonaires de rester ouvertes à l'expiration. On utilise cela si l'enfant a un risque de naître en avance, optimisant ses fonctions pulmonaires.

Vous êtes très en forme, madame la sage-femme hospitalière et vous continuez votre tirade en la culpabilisant d'augmenter le trou de la Sécurité sociale puisqu'elle cumule sage-femme libérale et infirmière à domicile.

Sachez, pour votre information, que sage-femme libérale ne correspond pas à la même chose que sage-femme hospitalière. Sachez que mon activité est réglementée par la CPAM et que je travaille surtout dans un cabinet. Je n'ai pas de « tournée » ni le matériel ni les cotations des actes d'infirmier. Logique, je suis sage-femme. Sachez que la cotation que je perçois lorsque je viens voir cette dame sur VOS PRESCRIPTIONS me rémunère moins de 20 € et j'y passe plus d'une heure.

Lorsque la situation de cette dame sera « rentable », vos services d'hospitalisation à domicile vont la prendre en charge et la sage-femme libérale sera décrétée « incompétente » !

Alors je ne vous permets pas de juger un métier que vous ne connaissez pas. Je ne juge pas le vôtre alors que je l'ai pratiqué. J'ai divisé mon salaire par 2 en quittant la fonction publique. Un choix assumé, pour être au clair avec mes convictions et ma vision de l'accompagnement de la naissance. Mais un choix qui parfois est difficile et encore plus au regard du temps passé et des comptes bancaires.

Parce que j'ai fait le choix que les femmes que je croise ne soient plus des numéros de dossiers : cette liberté a un prix.

J'espère, madame la sage-femme hospitalière, que ces quelques mots pourront vous rendre de nouveau plus humaine face à la détresse des gens qui se rendent dans vos services. N'oubliez pas que vous rencontrez cela tous les jours, mais pas les humains que vous croisez. Si ce message n'a pas l'impact escompté, ayez le respect, pour eux et le courage, pour vous, de changer de métier.

Respectueusement.

Lirio

Orgasmiquement vôtre

Elle va mettre au monde son troisième enfant d'ici quelques minutes. Je suis jeune sage-femme. C'est moi qui l'accompagne. Je l'examine pour savoir si ce bébé arrivera bientôt, elle n'a aucune anesthésie. Elle respire profondément et tout à coup les sons qui sortent de sa bouche ne sont ni douleur ni naissance imminente, mais clairement orgasmique.

Elle me regarde dans les yeux.

Elle sait que j'ai compris. Ses joues sont empourprées par l'ocytocine. Cette hormone qui donne aux femmes les couleurs du maquillage sans être fardées. C'est intéressant de se dire que le monde cherche à donner cette couleur constante aux femmes. Elle est maquillée par les hormones.

Elle maintient ma main en elle et me dit : « Ne bougez rien, restez là ! »

Un autre dans cette pièce a compris. Son mari.

Je sens mes joues qui prennent la même couleur que les siennes, mais sous l'effet de l'adrénaline, nous ne sommes absolument pas en phase. Nous sommes le ying et le yang de cette naissance, peut-être tout de même un équilibre.

Je cherche son mari du regard. Il regarde le sol, quand nos yeux se croisent, je le supplie de rester là – avec moi – embarquée malgré moi dans cette naissance orgasmique.

Ce bébé naît très très bien. Maman est ravie. Papa intimidé. Moi, j'ai changé de paradigme sur la naissance !

2 jours plus tard, le papa revient dans le bloc pour m'offrir une boîte de chocolats.

Elle est en forme de cœur, immense et rouge… Comme ses joues à lui à cet instant, comme les miennes 48 h plus tôt.

J'ai gardé cette boîte précieusement, pour ne pas oublier. Pour garder en tête qu'on persuade les femmes françaises que mettre au monde va être atroce et est systématiquement associé à la douleur. Que la péridurale va les sauver d'une impression de mort imminente. Mais combien d'orgasmes ont été volés par les drogues de la naissance assistée ?

Le cul entre 2 chaises

Sage-femme : profession médicale à compétences limitées, que dis-je à compétences définies. En clair : quand une prime est octroyée aux paramédicaux : nous sommes une profession médicale. Quand on revalorise les médecins : nous sommes paramédicaux.

Sage-femme c'est 5 ans d'études, des stages, des week-ends, des nuits, des jours fériés dès le début. On ne vous vend pas du rêve. Vous allez travailler dans l'urgence, souvent. Les bébés arrivent par bus, rarement seuls. Alors on vous apprend à encaisser les 12 h de taf sans pisser, la nuit, le jour, toujours.

Et puis vous sortez de l'école avec 1800 € par mois. Une nuit de 12 h c'est 80 € de plus qu'une journée. Un dimanche, ça se termine à minuit quand on travaille la nuit du dimanche au lundi, à minuit c'est lundi ! Faut pas abuser avec l'argent du contribuable.

Un jour, il manque de gynécologue alors on décrète que les sages-femmes peuvent faire du suivi gynécologique pour les femmes en bonne santé. OK, mais les tarifs c'est pas les mêmes, faut pas déconner ! gestes identiques, prise de risque identique, mais pas le même nombre d'années d'études. Ce sera 3 fois moins cher payé pour le même acte. OK donc les gynécos font bac+18 ? Car les sages-femmes passent à bac+6 cette année.

Et puis les femmes commencent à réfléchir à la naissance (merde ! elles pensent !). Elles commencent à donner leur avis et trouvent de plus en plus que les sages-femmes les écoutent, les mettent dans la discussion et qu'accoucher à la maison, en maison de naissance ou à l'hôpital, en réalité, ça se réfléchit ! Le conseil des gynécologues de

France prend peur, la pression est faite : l'assurance pour réaliser des accouchements pour les sages-femmes libérales passe à 25 000 € vous savez combien je gagne en libérale pour 40 h par semaine : 1500 € net par mois. Pour pouvoir accompagner des naissances à la maison et juste payer mon assurance, il faudrait que je demande 250 € de participation à chaque naissance et donc que je fasse un accouchement tous les 3 jours pour payer mon assurance. BUISNESS PLAN SIMPLE : devenir une maternité à moi toute seule.

J'ai divisé mon salaire par 2 en quittant le milieu hospitalier. Je ne fais plus de naissance à la chaîne, c'est ma victoire. Mais bac +5, la responsabilité d'une profession médicale et faire 50 h par semaine pour avoir 2 000 € par mois c'est cher payer sa liberté.

Tout le monde, en France, a un jour été touché par une sage-femme.

Réflexion de mon fils – 8 ans

Pourtant, nous ne sommes que 23 000 en exercice.

Pourtant, les pouvoirs publics nous ont « oubliés » dans les listings lors de la crise du COVID ainsi que lors des premières propositions de réformes du SEGUR. Nous qui n'avons jamais rien arrêté… même lors des confinements.

La plume et le tatoué

Il est grand et tout en muscle. Tatoué des premières phalanges des doigts au bout des pieds. Je ne parviens pas à savoir ce que racontent toutes ces traces d'encre.

Elle est minuscule, aussi blonde et frisée qu'on imaginerait Poucette dans le conte d'Andersen. On dirait qu'une toute petite brise pourrait la faire basculer avec sa gravité modifiée par ce gros ventre.

Ils attendent leur premier bébé. Il est sur la réserve face à cette arrivée ; elle est impatiente.

Lorsque nous travaillons les postures de travail, l'accouchement, il la porte et l'accompagne avec une telle aisance qu'on dirait qu'il danse avec une plume dans la paume de la main.

Cette plume n'est pas si fragile, derrière la couverture, elle maîtrise le taï-chi, son corps, sa respiration. C'est beau, magnifique.

Elle veut mettre au monde naturellement, sans analgésie. Elle s'est inscrite dans une maternité privée où le médecin vient pour l'expulsion du bébé… les dernières minutes de la naissance.

Ils sont prêts. Il fait un froid transfixiant et tout est verglacé le jour où ils partent à la maternité.

Elle sublime son Chi avec cette naissance.

Ils survolent les commentaires de l'équipe soignante, qu'importe le lieu, ils sont dans cet instant seuls au monde.

Il ne voulait pas d'enfant. Elle l'a convaincu. Il est comblé lorsque cette petite demoiselle se pose sur lui… une seconde plume.

Dégagez son nez !

L'allaitement est un acte instinctif et mis en place par un duo. Ni une mère seule. Ni un bébé seul. Cet acte est comme faire l'amour, instinctif, sensoriel, il s'apprend progressivement, ennemi juré : la réflexion et le néocortex.

Que celui ou celle qui a des orgasmes en pensant à la liste des courses pendant qu'il fait l'amour lève le doigt !

Alors, pourquoi vouloir enseigner l'allaitement ?

Pourquoi vouloir faire prendre des positions aux mères et aux tout petits ?

Les seules préoccupations, mesdames : être confortable et ne pas, jamais, avoir mal ! On ne retourne pas vers des activités qui ne nous donnent pas de plaisir. Voilà pourquoi certaines allaitent longtemps. Oui c'est agréable, oui le shoot hormonal est dingue et extasiant. Il en va de la survie de l'espèce tout de même !

Vouloir faire vérifier aux mères, les lèvres, la langue, le nez du bébé sur le sein est une hérésie. Le bébé place sa bouche et tête selon ses habitudes in utero. Il y a 6 mois d'échauffement derrière cette première tétée. Faut pas déconner, ils sont loin d'être novices !

Il y a des bouquins pour faire l'amour, des pornos, mais il y a surtout les sensations du corps à corps et c'est un ajustement ensemble.

L'allaitement c'est pareil.

Lorsqu'un bébé se met au sein, l'une de ses narines peut être enfouie contre le sein. On s'en moque ! Les seins des mères partent vers l'extérieur du corps pour cette raison entre autres. Une narine est donc toujours dégagée !

De plus, lorsque nous sommes nés, le constructeur a fourni un réflexe : si je ne peux respirer, tout lâcher, priorité : respiration ! Alors, ne croyez pas que votre bébé va s'étouffer dans le sein. Ne croyez pas que vous avez la responsabilité de dégager ses narines au risque de l'étouffement... sérieusement, vous lisez souvent dans le journal « ce nouveau-né est mort étouffé dans le sein de sa mère ! » ? Triste société qui terrorise les mères en devenir sur leurs compétences.

Mentionnons aussi les femmes « à fortes poitrines », étiquetées étouffeuses de bébé ! merde ! Si certains seins n'étaient pas faits pour allaiter, la sélection naturelle aurait depuis longtemps éradiqué cette branche « forte poitrine », voyons !

Quand on « dégage » le nez du bébé lorsqu'il tète, on déplace le mamelon dans sa bouche. Le bout du sein qui s'installait sur le palais mou (faites glisser votre langue tout au fond derrière votre palais dur... c'est mou, exactement là !) se retrouve donc sur le palais dur et les douleurs et crevasses apparaissent. Pour les non-initiés, une crevasse c'est comme frotter votre bout de sein sur du macadam.

Alors écoutez votre corps lors des tétées, prenez plaisir, découvrez-vous et laissez leur nez et vos seins tranquilles. Tout est parfait.

La plume et le tatoué 2

Plusieurs semaines sont passées depuis la naissance de bébé plume. Je revois sa mère en rééducation du périnée. Elle doute de son corps, elle n'est plus en phase avec elle, avec lui, son rôle de maman tous les jours, c'est si intense !

Petit à petit, elle reprend son souffle, se reconnecte. Son périnée est parfait, depuis le début. Il est juste différent de celui qu'elle connaissait avant de mettre au monde. Elle ne veut toujours pas refaire l'amour, ce n'est pas encore « comme il faut », dit-elle.

J'écris un petit mot au Tatoué ce jour-là que je remets à la Plume. Trois jours plus tard, elle revient. Elle a changé. C'est bon, dit-elle, je vais bien ! mon périnée est OK.
Je souris. Elle s'en va, me remercie.

Voilà plusieurs mois que nos chemins se sont éloignés. Je reçois un livre, *Les gens qui luttent*, écrit par Flahaut et Loget, avec une dédicace :

Merci de m'avoir permis de ne pas passer à côté de l'exceptionnel ! Le Tatoué.

Cette dédicace pour dire merci, droit au cœur. La Plume.

Sur le petit mot, j'avais écrit : « Faites-lui l'amour, elle est prête. » J'ignore qui a lu ce message.

« Bah ouais c'est la merde et c'est pas ça qu'était prévu », Grand Corps Malade

Aujourd'hui ma collègue sage-femme est à terme moins un jour. Demain si elle n'a pas accouché, elle se rendra à la maternité pour une vérification complète maman-bébé, savoir si tout est OK. C'est son troisième enfant. Mais j'y reviendrai.

D'abord, les deux premières naissances.

Elle a accouché sans péridurale pour son premier bébé. Elle est dans le contrôle tout le temps. Elle ne lâche pas son néocortex. Alors pour ce genre de personne, c'est assez long à se mettre en route, jusqu'au moment où le corps a une raison viscérale que le cerveau doit ignorer et « magie » l'inné se met en route au triple galop.

Bref, remise en place du contexte : son 2e bébé ne grossissait pas beaucoup, alors les bazookas de notre industrie de la naissance ont sorti les parachutes, les parapluies, la combinaison et le matelas de sécurité. Surveillance étroite échographique… de plus en plus rapprochée au fil de la grossesse, de plus en plus poussée où on finit par voir un truc où on ne sait pas trop si c'est grave ou non, si ça craint ou pas, si on laisse tranquille ou on sort l'artillerie.

On opte pour l'artillerie. Déclenchement. Sur une maman qui n'est mentalement pas prête. Un utérus bouclé genre porte de coffre-fort et un bébé, petit, qui a de la place et se balade encore dans l'utérus et n'est absolument pas dans les starting-blocks.

Résultat : une césarienne en urgence, sous anesthésie générale pour maman. Papa qui passe par un chemin émotionnel où il saute à l'élastique de la tour Effeil et un bébé dont les parents devaient découvrir le sexe ensemble et où ON spoïle tout en catapultant bébé sur papa : « elle va bien, peau à peau ? » désolé ON n'a pas le temps.

Et papa qui m'envoie un message : « le bébé est sur moi, c'est une fille de ce qu'ON vient de me dire. Je ne sais pas comment va Justine… » Justine c'est sa femme. Ma collègue.

Une césarienne sous anesthésie générale ça veut dire : petit trou noir à la place de la naissance pour maman. On change le cocktail d'anesthésie chez la femme qui va donner naissance afin que bébé ne soit pas trop sédaté. Du coup, l'anesthésie de maman n'est plus si anesthésiante et pour éviter qu'elle ne se souvienne d'une douleur importante, on envoie un amnésique ensuite, après la sortie du bébé, pour qu'elle ne se souvienne plus qu'elle a eu mal. Mais du coup, elle n'a plus de souvenir. C'est moche, mais c'est le deal pour que bébé ne se prenne pas un shoot adulte d'anesthésiant avant de sortir pour qu'ils puissent respirer.

J'ai longtemps hésité à écrire ce passage. Mais les gens ont le droit de comprendre. Ce qui est fait est important pour le bébé. Ce qui est fait révulse les soignants, les anesthésistes en particulier, mais nous n'avons pas d'autre moyen. Je l'écris parce que ça permet aux mamans de comprendre pourquoi elles n'ont pas de souvenir.

Pour cette famille, cette naissance pourrie a été induite par notre conduite à tenir et nos protocoles de soignants interventionnistes. C'est un fait et cette famille va devoir vivre avec.

RMM[12], notre manière de soignants d'apprendre de nos erreurs

Discussion avec une gynécologue bienveillante

LIRIO au Dr L.

Bonsoir Docteur L.,

J'ai plusieurs fois refait le scénario des « et si. » Pour cette issue de grossesse de Justine.

Si je me fais mon auto RMM (il ne faut pas croire, mais on se bloque un créneau tous les 2 mois sur les dossiers « insatisfaisants » même en libéral). Je me dis que j'ai passé mes consultations de suivi de grossesse à la rassurer, là où elle aurait peut-être eu besoin d'un arrêt autoritaire et électrochoc. Prise de poids 2 kg sur la grossesse… IMC à 18… avec des si…

La décompensation à la maison après la naissance a été cataclysmique. Elle ne réalisait vraiment pas tous ces petits voyants oranges et là où j'aurais dû la mettre « maman » je l'ai étiqueté « sage-femme »…

[12] Analyse collective, rétrospective et systémique de cas cliniques pour lesquels est survenu un événement indésirable associé aux soins (EIAS) ou toute complication inattendue qui a causé ou non (si arrêté à temps) un dommage aux patients.

Même erreur de l'équipe de maternité en post-partum… bébé koala, césar sous AG… sortie précoce… car c'est une sage-femme…

Je sais bien que l'indication de déclenchement était parfaitement évidente. Rien à retourner… avec des si…

Bref, pour les nouvelles, 3100 g pour Calie hier, un suivi psy qui fait son chemin… par téléphone pour le moment… difficile de ne pas être wonder woman en permanence.

Fichu rythme des soins, je souhaite que la vague d'humains de la génération de vos enfants, des miens ne soit pas engluée dans cette « lobotomie humaine » !

P-S : Je vais bien, lol… c'était ma contribution si ce dossier soulève une RMM…

Respectueusement et chaleureusement.

Dr L. à LIRIO

Avec des si oui on refait le monde

Mais là tu soulèves le voile du temps accordé, du temps que l'on prend et celui que l'on ne peut pas parce qu'il faut le laisser à quelqu'un d'autre.

Arrêter le temps consommé.

Former et faire confiance

J'espère de même pour nos enfants

Et là

Prendre le temps d'un café ensemble

Pour chercher les moyens de diffuser

Belle fin d'année

Toutes mes attentions à Justine,

Tout aussi

Chaleureusement et respectueusement.

Caprices, bien sûr !

Sortir d'un milieu utérin c'est un peu comme si un européen moyen, qui a ses petites habitudes occidentales, ses repas, sa langue, ses calligraphies… était kidnappé.

On lui fait la totale/cagoule, camionnette noire, secousses, bruits ultra forts, peut-être même quelques plaies par-ci par-là sans prévenir dans la camionnette.

Le rapt s'arrête, on enlève la cagoule et notre européen est en plein Pékin !

Il ne reconnaît ni l'écriture, ni la langue, ni la nourriture, ni les bruits. Et il doit s'adapter, seul ou… avec des interprètes.

Le nouveau-né est notre européen. Le monde hors du ventre, il ne le connaît pas. Il cherche désespérément le quartier français de Pékin. Alors quand il sent une odeur de pain chaud, il se calme, il est plus en confiance, il prend plaisir à découvrir la Chine avec ses interprètes.

Sans ses parents dans ce rôle de traducteur, il y arrivera, bien sûr, c'est un warrior, mais le choc post-traumatique du transport cagoulé, ses pleurs sans réponses dans les rues asiatiques seront marquants.

Les caprices : ça n'existe pas chez le tout-petit ! Soyez des interprètes, guidez vos bébés, faites leur confiance, ils ont pas mal bouquiné avant de sortir.

J'oublie 2 choses :

• Ajouter au catapultage sur un autre continent que nos petits d'homme sortent dans un monde sans gravité, c'est Claudie Haigneré ou Thomas Pesquet sans les années de préparation !

• Mon exposé Europe-Chine est complètement subjectif, à vous d'y glisser votre référence et ce qui vous semble le plus inconnu au monde.

Mamifèrement vôtre

Dans les yeux de la sage-femme,

Toute de douceur, ta maman transpire de tendresse à ton égard, ton père aussi d'ailleurs. Ils savent que toutes les cartes ne leur appartiennent pas dans ta naissance, mais le jeu, ils l'ont préparé, mûri, appréhendé.

Elle a confiance en son corps, en Toi.

Pour Toi, petit bout d'homme, les post-it ne sont pas aisés à déchiffrer, tu tentes de percer un peu de lumière dans la pénombre duveteuse qui te sert de nid, mais l'effet n'est pas celui escompté. Plus la lumière rentre, plus le liquide chaud qui t'entoure disparaît, l'espace se resserre et l'étau musclé te comprime. Tu prends ton temps, dit-on ! Tu fais ce que tu peux, surtout !

Puis tu arrives, Ernest. Enfin.

Dans les yeux d'Ernest,

Maman s'est accrochée, peut-être que les sillons hasardeux et uniques de cette route ensemble sont ce qui la rend si belle et scintillante.

La sortie de l'habitacle est derrière moi, mais nous continuons notre tâtonnement. L'histoire de maman, cette longue route de ma naissance amenuise la production de lait, mais on s'accroche. Papa veille. Il sait repérer les signaux d'alerte chez maman. Ces deux-là se connaissent bien. J'ai fait du bon boulot : je les ai bien choisis !

Avec quelques « soignants » boussoles sur la carte IGN de mon arrivée, nous nous débrouillons, de mieux en mieux. Vraiment, j'ai bien choisi !

Oser dire oui

Nous les femmes,

À quand l'écoute de notre corps
À quand le lâcher-prise au lieu de la charge mentale
À quand l'orgasme et le plaisir au lieu du devoir.

Écoute-toi, petite fille
Tu ne dois rien à personne
Tu dois découvrir ton corps, lui faire confiance
Te donner tout entière
Pour comprendre ce qu'extase veut dire.

Découvre ton corps femme
Pour pouvoir découvrir celui des autres
et leur faire découvrir le tien.

Respire, désire, ovule de plaisir !
Orgasmiquement, vôtre.

Orgasmiquement vôtre (version poème)

Tout est précipité,
Elle arrive déjà bien dilatée
La naissance ne devrait pas tarder
Je prépare, méthodique, tout ce dont j'aurai besoin
Mais préparé à ça, je ne le suis point.

Nue, elle s'offre à mes doigts
J'examine ce trou magique comme j'aime à le décrire
Qui s'ouvre pour ce qui rime avec rires et plaisir.
Elle s'extasie, que dis-je, elle jouit
M'ordonne de ne plus bouger
Moi et mes doigts coincés.
Elle tempête à son mari
De quitter ce lieu-dit.

Que né nie, je ne veux pas me retrouver
Seule avec cette lutineuse dévergondée
Je supplie ledit mari de rester ici.
Et c'est avec de nombreux cris,
Rappelant très peu comme c'est dur
Mais bien plus la luxure
Qu'elle met au monde son enfant.

Je reçois pour tout cet émoi,
Des chocolats
Emballés dans un énorme cœur
Des mains du mari, dont les joues ont pris la même couleur.

Légitimité

Une randonnée dans le Grand Nord en autonomie aurait été plus simple que notre parcours. Te concevoir n'a pas toujours rimé avec Amour.

De tentative en tentative, il faut bien se rendre à l'évidence : de duo il va falloir passer trio et accepter que Vitro soit le nom de notre amant commun.

Mais le rêve a ses limites et l'adultère médical ne suffit pas. Pire : il manque de m'envoyer au trépas ! Alors Vitro s'éloigne, nous laissant seuls, sans aucune poigne.

On nous propose finalement un autre trio, il y aura Toi, mon amour, Donneuse et Moi, nid de vie.

Je porte le fruit de deux êtres qui ne se connaissent pas. Je porte le fruit de Toi et non de Moi. Que c'est difficile… Porter la vie, mais pas à demi-moi…

Suis-je mère, légitime ? De quel droit ? De quel gène ? Lourd et douloureux débat.

Mais de tes nuits, mon bébé, de tes cris, je suis sans cesse là. De toutes tes premières fois qui vont te faire grandir, je m'inspire.

Te laisser aux autres me déchire.

Si nos cellules ne se reconnaissent pas, j'éprouve bien des difficultés lorsque je te laisse.

Qu'est-ce qui fait de moi, une mère ? La division cellulaire ou le fait d'être là à chacun de tes pas ?

La revanche de Justine

Nous revoilà dans la famille de ma collègue, sur cette troisième grossesse, revanche de sage-femme à prendre pour ma collègue sur sa manière de mettre au monde. Elle milite toute la grossesse pour pouvoir accoucher sans péridurale malgré sa cicatrice de césarienne. On lui valide à la maternité qu'elle pourra accoucher sans péridurale.

Elle me téléphone sur ce petit matin en me disant :

— Les contractions ne sont pas régulières, je ne sais pas trop si c'est pour aujourd'hui, tu peux venir ?

— OK, j'arrive.

Faut bien avoir des privilèges selon les jobs. Nous c'est touchers vaginaux gratis que voulez-vous !

Je toque à la porte, ses deux filles sont comme des Sioux autour de leur mère malgré les recommandations de papa. Justine a les joues rouges de l'ocytocine, se stoppe toutes les 5 minutes pour expirer profondément. Je n'ai pas besoin de mes doigts pour savoir que c'est pour aujourd'hui.

Mais elle veut savoir où en est son travail, cette porte blindée est-elle devenue porte de saloon ?

— D'ac, je reste là. On attend que les filles partent à l'école ?

À cet instant, les deux miss sont allongées sous le visage de leur mère. Justine est penchée vers l'avant les mains sur le mur et souffle tout ce qu'elle peut en même temps qu'elle sourit.

C'est joli, cet instant.

Quand les demoiselles quittent la maison, on vérifie que bébé accepte bien son petit monde bousculé par les événements puis je l'examine. Le travail a débuté, mais on a encore un peu de temps. Elle rechigne à partir à la maternité maintenant. Son corps se souvient de la dernière naissance, il a peur.

Je sais qu'envoyer ses enfants à l'école va accélérer les choses, pourtant je vais dans son sens. Si tout va bien, ne pas la contrarier pour la laisser enfanter.

— OK je pars 1 h voir les dames qui m'attendent en rdv, j'annule la suite et je reviens ensuite. Si ça s'intensifie avant, vous partez.

On valide tous les 3. Son mari prend le relais des massages du sacrum. OK pour 1 heure.

Pendant ce temps, je suis à 300 mètres plus loin en consultation. 50 minutes plus tard, papa me téléphone : « elle ne fait plus les mêmes bruits ! Faut que tu viennes ! »

J'arrive. Je sais sur ce chemin quand je l'entends qu'on va voir naître ce bébé ici. Elle est debout, phase de panique pour elle, phase de naissance imminente.

Son chéri et moi, nous la glissons sur le canapé.

— Je ne voulais pas accoucher à la maison, hurle-t-elle, s'il arrive quelque chose, comment on va faire ?

Foutu néocortex de sage-femme.

— Justine, respire, accompagne ce bébé, s'il va vite… rien ne coince !

4 minutes plus tard… il est dehors.

Cette femme et cet homme sont émus, les yeux embrumés, ils découvrent un petit garçon. J'ai disparu du tableau, j'en suis la photographe. Nouveau moment magique.

WOUH ! J'ai kiffé ! chut, ce n'est pas bien. Tu n'as pas le droit de faire des accouchements en dehors de la maternité. Tais cette merveilleuse petite onde délicieuse qui glisse en toi.

On attend, elle souffle, papa se détend, bébé tète. Le visage de maman est maquillé par l'ocytocine, j'adore… je me tais.

Son placenta arrive. Doit-on le ramener à la maternité ? L'enterrer ? Le jeter ?

Je suggère :
— Aux pieds d'un prunier du jardin ?

C'est parti, papa annonce la nouvelle à papy et creuse un trou de joie.

Tout est au beau fixe et ce qui vient noircir notre tableau c'est le légal. A-t-on le droit de rester chez soi après la naissance sans téléphoner au SAMU ?

Je suis compétente en la matière pour vérifier que tout va bien. Les camions du SAMU sont comptés, pourquoi les solliciter alors que tout va bien ?

Alors elle savoure son bébé, papa cuisine, je prépare du thé, nous mangeons tous les 4. Puis papa fait du peau à peau, maman se douche. Je veille et je sens que je vais bientôt n'avoir plus besoin d'être là.

Ils partent pour la maternité 4 h après cette aventure. Calmement. Sereinement.

Et moi, j'ai kiffé ! Va falloir s'en méfier !

Le petit caillou dans l'engrenage

C'est le quotidien des parents solos, j'imagine.

Le quotidien des parents où le reste de la famille n'est ni à côté ni retraité.

Le quotidien de tous les parents.

Tout est programmé à la perfection, tout est à la minute près. J'exagère, mais presque pas. Et puis il y a ces jours où l'engrenage reçoit un tout petit caillou.

Exemple : douleur de genou de l'enfant numéro 2 après une séance de piscine avec l'école. On s'organise, il boite, on le monte jusqu'à l'école. On arrive un peu en retard, on programme le rendez-vous médical, la radio. Le soir, un temps massage se glisse en plus, un temps d'écoute nécessaire pour l'estropié.

Comme des adaptateurs de compét, on a modifié le chemin pour éviter le caillou.

Lendemain, toujours le genou en vrac, mais aujourd'hui ce caillou n'est plus si grave, on en a fait de la poussière dans le quotidien, mais… un mal de ventre et de tête se glisse là-dedans. « Allez, tu dois être courageux, école-genou-maux de tête et ventre, ça va le faire ! »

Au fond, même nous, on a du mal à y croire. Mais pour l'honneur, il y va ! Parents indignes ! Bien sûr à midi, rappel de l'école, nouveau petit caillou, pas grave, on rentre à la maison. On ajuste la journée de taf. On décale les choses au lendemain…

Sauf que le lendemain n'est pas mieux pour Numéro 2. Et puis, Papa part en déplacement, va falloir faire solo. Même pas peur !

Papa doit prendre le train et donc vous laissez l'unique voiture du ménage, on est un peu écolo ! Et le train TER numéro 1 a du retard, du coup, papa prend l'option voiture après consultation familiale au sommet en 45 secondes sinon le train TGV numéro 2 va disparaître.

Du coup, voiture envolée. Tu dois gérer les enfants, le taf, le genou… à vélo… avec le sourire parce qu'il y a grève des cantines aussi et peut-être des profs, mais on sait pas, on peut pas dire… et du ramassage scolaire ! sourire, sourire, sourire.

15 minutes après le départ de papa, le téléphone sonne : « en fait je ne pars pas 2 jours, mais 3 jours… avec les grèves SNCF, on ne peut pas revenir. » Aïe : gros tas de cailloux…

Il y a hand le 3e jour pour le grand, et ses 2 copains ados à prendre c'est mon jour de conduite dans l'orga des parents solidaires dans la mélasse du quotidien, sur mon vélo ça va commencer à faire lourd !

Sourire, reprendre l'engrenage autrement, modifier l'itinéraire, ADAPTATION comme dit Grand Corps Malade, ADAPTATION !

Et après cette journée où les pelletés de cailloux commencent sérieusement à ressembler à des pavés du nord, après toutes les modifications d'agenda que tu as faites ces dernières 48 h, tu es comme une conne à 19 h 15 au taf, tes 2 mômes à la maison avec leur « to do list » que tu leur as soigneusement préparés et tu écris ce texte, car tu t'es pris 2 lapins dans les rdvs et qu'il faut attendre le dernier à 19 h 30.

Pas d'excuse.

Pas d'annulation du RDV qui est rappelé par mail, texto, Snapchat, linkedin, Facebook… tellement de support que… ben les gens ils les lisent plus les notifications doctolib !

Ce soir, je hais les cailloux… de toutes les tailles !

Le vélo ça ne s'oublie pas !

Un moment vient où chacun se trouve devant la nécessité de fixer sa destinée, de faire le geste qui comptera et sur lequel il ne pourra plus revenir.

Georges Simenon

Cette naissance à domicile a laissé un goût puissant et tout doux à la fois en moi. Comme si je savais depuis longtemps que j'étais faite pour faire ça, une évidence, pas de doute. Les gestes étaient les bons, fluides, comme arrêtés de la veille. Moi qui n'ai pas accompagné la naissance pure depuis 10 ans. Je trouve cette saveur douce, car cette venue au monde et ses gestes n'ont laissé place à aucun coup de mou de l'adrénaline. Je n'ai pas utilisé cette hormone. Je me suis répétée plusieurs fois ce matin-là, tu dois être calme, posée. Elle va décharger beaucoup d'adrénaline, comme une sage-femme qui enfante, comme une femme qui garde toujours le contrôle. Si tu veux qu'elle accouche bien, tu DOIS garder l'ocytocine. C'était ça mon job : gardienne de l'ocytocine.

Quand son mari m'a appelé, une heure plus tard, lui aussi déchargeait de l'adrénaline et du cortisol, sa voix était pleine de stress. Il fallait être doublement calme.

Je crois que j'étais, après l'arrivée de ce bébé, relaxée comme après une séance de yoga où mes respirations permettent de faire disparaître les pensées. Mon système vague a pris le dessus.

Cette naissance a éveillé des émotions dans l'entourage, bien sûr. La grand-mère de ce bébé m'a envoyé un message le lendemain :

« Un immense merci à toi Lirio pour avoir été présente et avoir permis un accouchement facile et réussi pour notre petit bonhomme. Merci pour ton professionnalisme. »

Et c'est exactement cela, je n'ai pas accouché cette femme, je lui ai permis de le faire sereinement.

La « sage-femme de maternité » qui devait accoucher ma collègue est une amie. Elle m'a aidé à mettre mes enfants au monde. Elle est une prêtresse de l'ocytocine depuis 30 ans. Elle est excitée par ce qui vient d'arriver.

— Comment vas-tu, me demande-t-elle le soir même ?

— Très bien, calmement bien.

Elle réitère 2 jours plus tard.

— Ça va toi ?

Je ne sais pas si sa question sous-entend : comment te sens-tu ? Vas y raconte ! J'ai trop envie d'entendre ton ressenti ! Tu as eu peur ?

Alors je l'appelle. Elle m'écoute. Je sens son adrénaline au bout du téléphone. Elle n'a jamais fait de naissance à domicile. Elle en crève d'envie. Mais notre système nous a éduqué à ne jamais « pas avoir peur » comme dans ce dessin animé dreamworks « les croods ».

Un autre collègue sage-femme, très maternant, très bon gardien de l'ocytocine, me demande des nouvelles. Je l'ai sollicité une heure après la naissance, à un moment où nous nous demandions si partir à la maternité était obligatoire. Il a accompagné sa femme, malgré lui, lors de la naissance de leur troisième enfant. Il a plutôt subi l'événement et m'avait raconté qu'être père et sage-femme en même temps avait été désagréable pour lui !

Et puis le pédiatre a rappelé le soir même de la naissance. Nous lui avions demandé de venir faire l'examen officiel de bébé, mais nos sollicitations étant revenues sans réponse, il fallait faire un choix. Il était euphorique au téléphone ! Il rageait d'avoir manqué nos appels. Validant ce pas de côté, m'encourageant à recommencer officiellement à échelle raisonnable, il m'exposa ses idées pour rendre la démarche plus confortable, stimulé par l'événement, il réfléchissait à son organisation professionnelle pour pouvoir examiner « les prochains pas de côté ». Regain d'intérêt pour nos jobs. Revenir à l'essence même de nos métiers.

Nos métiers où la surmédicalisation est devenue la norme.

Nos métiers où la naissance physiologique plus personne ne la connaît.

Nos métiers où le tout petit sans péridurale lors de ses premiers réflexes n'est plus observé.

Arthus avait 3 h, en peau à peau sur son père, celui-ci ouvrait grand la bouche et bébé l'imitait, le suivait ensuite du regard. Le père admirait le fils, le fils mimait le père, déjà amoureux.

La bicyclette c'est très chouette surtout à l'ocytocine !

Ventouse

La première fois que je rencontre cette femme, elle a accouché 3 ans plus tôt. Il a été nécessaire d'utiliser une ventouse pour la naissance. Elle me dit : « Comme je ne poussais pas bien, on a pris une ventouse pour la tirer dehors. »

Je me risque à prendre la parole pour débriefer ce passage de la vie qui a été interprété d'une manière qui ne me semble pas juste.

Le bassin des humains est un entonnoir. Essentiellement parce que nous nous sommes mis sur 2 jambes. Les autres mammifères à 4 pattes ont plutôt un bassin cylindrique, il me semble.

Mais revenons à nos humains, les deux épines osseuses que nous avons sous les fesses qui sont pointues sont les épines sciatiques. C'est le détroit le plus serré de l'histoire. Il est mobile de quelques centimètres selon le mouvement des genoux et des pieds. Plus mes pieds et mes genoux sont en mode « chasse neige », plus cet espace s'écarte.

De leur côté, les os du crâne du bébé ne sont pas soudés, cela va permettre à son cerveau de continuer à grandir dans l'enfance, mais aussi à ses os de se chevaucher lorsqu'il descend dans le bassin pour ainsi diminuer son périmètre crânien.

C'est une danse : plus la mère descend en chasse-neige, plus l'espace grandit. Plus l'enfant glisse son menton contre sa poitrine, plus le diamètre à faire glisser s'amenuise.

Mais ce n'est pas fléché. C'est certainement l'une des raisons qui pousse le corps à rendre les contractions douloureuses et qui implique que les femmes se tortillent autant en accouchant, ne restent pas en place lorsqu'elles enfantent.

Les bébés, pour leur part, font ce qu'ils peuvent. Plus ils se glissent en déflexion, le menton éloigné de leur poitrine et plus leur dos est vers le dos de leur mère, plus le périmètre crânien sera important.

Cette ventouse sert donc à faire une rotation de la tête du bébé pendant qu'il est dans le bassin pour le faire basculer menton contre la poitrine et rendre son diamètre crânien plus petit.

Une fois que j'ai expliqué cette mécanique, cette maman s'est mise à pleurer. « Je n'y étais donc pour rien ! Ce n'est pas de ma faute si mon bébé a eu une ventouse ?! »

Prendre le temps de débriefer. Ce qui fait partie du quotidien pour ceux qui y travaillent n'est pas foncièrement logique ou évident pour les autres.

L'attachement avec l'enfant peut être impacté, l'autoregard de cette femme sur son rôle de mère, de son conjoint, leur sexualité.

Mettre au monde est une étape dans la vie d'une femme. Peut-être corporellement plus intense que de passer d'enfant à adulte et nous avons **banalisé** ce moment, nous le **standardisons** dans nos maternités modernes où mobilité, temps et physiologie n'ont plus leurs places. En France, le nombre de maternités est passé de 1369 en 1975 à 461 en 2019. Le nombre de naissances, lui, est globalement toujours le même : un peu plus de 710 000 par an. Le premier regard ? Pas le temps. Maternité-usine et fabrication d'humains à la chaîne.

BD, néocortex et revanches

Tu m'as offert ce matin 2 BD.

— « Mon mari et moi on a trouvé que c'était mieux que du champagne et des chocolats pour vous remercier. Ces livres abordent la naissance, c'était intéressant à lire le dernier mois après vos cours, ça disait la même chose ! »

Lol, je rigolemarre en dedans de moi comme dirait Claude PONTI, je m'évertue à finir les séances de préparation qui te font réfléchir un mois avant le terme pour que tu ne réfléchisses plus. Pour que ton néocortex se range, pour que tu te centres sur ton corps, ton ressenti sur cette dernière ligne droite. Et toi, tu bouquines à mort la naissance. Y a un truc que j'ai omis dans mon taf, remise en question nécessaire, l'info de lâcher le cerveau ne passe pas !

Et c'est doux de te voir découvrir, lectrice assidue de la naissance respectée, toi qui vas avoir une césarienne, car ton bébé est en siège et que tu es toute petite, ton bassin ne doit pas être assez grand, ton bébé n'a pas la place de se tourner et d'y glisser sa tête.

Tu allaites, tu es la seule de ton entourage. Tu adores ça et je suis convaincue qu'une partie de cette alimentation est ta revanche sur cette naissance volée. À la chaîne et aseptisée comme tu la décris.

En fond dans les oreilles, Agnès Obel, *Just So*.

Diaphragme, respiration et progrès de la médecine

Le diaphragme est le muscle de la respiration par excellence. Il crée une pression différente entre la zone haute, le thorax et la zone basse, l'abdomen. Il permet le développement pulmonaire par les mouvements respiratoires que le fœtus va faire dès le 3e mois de grossesse. Ce diaphragme est comme un hamac fibreux et musculaire en 3 zones. Parfois une partie se construit de manière incomplète, parfois plusieurs. À cause de cela, on n'aboutit pas à cette pression nécessaire pour que les poumons fassent leur job. Les organes abdominaux s'engouffrent dans cette partie haute et compriment les poumons, le cœur… Toutes ces choses sont l'art de la nature. Parfois elles dysfonctionnent et personne n'en est responsable. Cette construction, nous la vérifions en échographie.

Pour ce papa et cette maman, le verdict tombe à la troisième échographie, le 7e mois de grossesse. L'une des parties du diaphragme ne s'est pas développée comme prévu. La pression thoracique est donc modifiée et les poumons sont comprimés. Ils ne peuvent se développer correctement. Cette compression induit aussi des pressions sur le cœur et son développement. Alors on se glisse vers la haute technologie. Échographie poussée, faite par les experts, consensus pluriprofessionnels, IRM fœtale. L'estimation de la capacité pulmonaire est calculée en % grâce aux examens. Les parents deviennent experts de la hernie diaphragmatique, eux qui avaient le projet de s'inscrire à la découverte de la parentalité.

La grossesse avance malgré tout cela. Le temps ne se suspend pas. Leurs projets, eux, beaucoup plus… Tout est rythmé par les rendez-vous médicaux : rencontre des chirurgiens pédiatriques. Quand le bébé naîtra, il doit être intubé dans les minutes qui suivent où la pression ne sera pas suffisante pour que ses poumons s'emplissent d'air. Bébé sera ensuite dans une chambre qui est en même temps un bloc opératoire. Haute technologie.

L'intubation à la naissance est difficile. Elle repose sur les épaules du pédiatre de garde, il devra se glisser entre les jambes de cette maman, laissant à peine bébé sortir. Le temps comptera.

On évoque une technique, maîtrisée par moins de 10 personnes dans le monde, une seule en France : intuber l'enfant dans le ventre de sa mère, avant qu'il n'ait besoin de respirer. Le but est que lors de la naissance il n'y ait plus qu'à ajuster la respiration mécanique à la sonde installée dans la trachée du bébé. Papa et maman discutent. Ils valident, partent à Paris.

Maman est endormie, bébé aussi… pour qu'il se laisse intuber. La chirurgienne essaie. Réessaie. Sollicite les autres experts à distance, nous voilà dans la médecine du futur. Elle finit par demander à papa si elle continue d'essayer, car elle n'y arrive pas. Bébé refuse et ne se laisse pas intuber malgré la sédation.

Papa seul à décider. Quelle lourde tâche de père. Avant même de toucher son enfant, il faut faire des choix, seul.

Papa décide. Il demande l'arrêt des tentatives. La chirurgienne est soulagée. 5 heures de tentative viennent de s'écouler, elle est désolée.

Les parents estiment qu'ils ont tout tenté. Arrivera ce qui doit être, ils accompagneront ce bébé.

La naissance est déclenchée pour que le plus d'experts soient sur place. Maternité haute technologie de rigueur. Plus de 6 000 naissances par an. Ce petit garçon naît et part en même temps. Le cordon ombilical cesse son rôle d'oxygénation. Ses poumons ne prendront pas le relais, la pédiatre n'atteindra pas la trachée pour une intubation.

Nous ne sommes jamais aussi proches de la mort que le jour où l'on naît. Notre société l'oublie si souvent.

Les parents commencent le douloureux et long chemin du deuil.

Jusqu'où notre médecine est prête à aller ? Pour donner l'espoir ? Pour ne pas accompagner la mort ? Pour ne jamais renoncer à la vie ?

La mort ne doit plus être dans notre société et pourtant ; elle est inéluctable pour chacun d'entre nous.

Nous contrôlons la procréation avec les contraceptifs. Les naissances sont régulées et de plus en plus déclenchées pour maîtriser leur flux. Les décès sont repoussés, cachés, montrés comme un échec de notre système de santé où un responsable doit être trouvé.

Cette maman n'y est pour rien dans la construction diaphragmatique de son bébé.

L'échographiste a vu, juste constaté.

La chirurgienne tente un geste difficile sur un humain de cette taille, dans le ventre d'un autre être humain. Qu'elle ne se blâme jamais de ses ratés.

Ce papa a fait ce qu'il pouvait pour contenir.

La maternité a jugé donner toutes les meilleures chances en déclenchant cette naissance.

La pédiatre a fait les gestes, qu'elle a certainement répétés des milliers de fois cette journée-là et bien d'autres avant. Mais cela n'a pas suffi.

Sous l'angle de vue spirituelle, ce petit garçon a choisi une vie in utero, exclusivement au travers de maman. 9 mois de sensations. Pas de geste invasif, pas de chirurgie à répétition dans sa vie. Un papa à travers une maman.

Ce sont tous des humains magnifiquement imparfaits.

La maman m'envoie un message : « Il est parti en naissant, mais cet accouchement était magnifique ! Enfanter est extraordinaire. »

Nocturne

4 litres de tisane « équilibre féminin ».

15 mictions en 6 heures à nous 3… on se demande pourquoi il n'y a pas de toilettes dans les salles d'accouchement.

1 banane à la purée d'amande

2 tubes de granules d'homéopathie

1 marqueur

1 playlist parfaite

1 plaid

3 examens vaginaux

18 lavages de mains

6 h de respirations et de massages.

La nuit dernière j'ai accompagné Marine et son mari à la naissance de leur nouvel enfant. Et cette aventure de douceur, ne s'occuper que d'un couple, prendre le temps tout en faisant son job. C'est là ma place. C'est une évidence !

Nous avons été entraînés à faire de la naissance un parcours de hauts combattants… quel dommage…

À cause de cela, je les envoie 1 h avant la naissance à la maternité. Je considère que je dois passer la main… Je ne parviens pas à me faire confiance, le système m'a bien formaté à ne « jamais pas avoir peur ».

Et pourtant, cette femme est belle.

Cette femme se sent valoriser d'aller au bout de son projet, elle devient une mère qui croit en elle. Son partenaire libère probablement plein d'ocytocine lui aussi pendant ce temps et devient lui aussi un père différent et plus compétent.

J'espère que les années à venir vont voir éclore une autre manière de naître.

Mon fils m'a dit hier : « sage-homme ? Ça le fait ? J'aime bien la sage-femme que tu deviens. » 🙃

Un sabre fait naître dix mille sabres. Le symbole est plus important que la force. Il fallait gagner l'adhésion, compter sur les autres. La voie du guerrier n'était rien si l'on était seul.

Camille Monceaux, *Les chroniques de l'érable et du cerisier livre 2*

Marine, la maman de cette histoire, après avoir lu Nocturne :

Je frissonne encore lorsque j'écoute cette playlist et j'ai le sentiment de sentir le goût de la tisane lorsque je ferme les yeux…

Je ne me suis jamais sentie aussi forte et sûre de moi qu'en ce moment – en cette période si vulnérable du post-partum. J'ai confiance en moi, en nous, en la vie. Et je suis persuadée que cela est en lien avec cette fin de grossesse apaisée et cet accouchement magique…

Je n'ai pas eu l'impression de rencontrer Suzon à la naissance – je la connaissais bien avant grâce à l'équipe que nous avons construite ensemble.

La nuit du 10 au 11 février je me suis sentie forte et entourée de toute mon armée de femmes ayant contribué à mon bien-être et celui de Suzon durant 9 mois…

J'ai envie de crier sur tous les toits aux autres femmes, de pousser cette porte vers le naturel et de trouver la sage-femme qui leur donnera confiance. Crier haut et fort que nous sommes capables que c'est ancré en nous !

Et que cette aventure est la plus incroyable…

Mieux vaut rêver sa vie que la vivre, encore que la vivre ce soit encore la rêver.

Marcel Proust

Le lait maternel, ça peut exploser

Noémie est la maman de Jérôme, troisième de la famille. Elle n'a pas allaité son premier. Elle n'y a pas réfléchi, montrer ses seins n'était pas pensable et se pencher sur la composition des préparations pour nourrissons « évidemment on mettait de bonnes choses pour nos petits d'hommes ».

Lors de son deuxième, le projet a mûri et elle allaite. Elle adore et cela dure 18 mois. Alors pour son petit dernier, bien sûr elle le fait.

Jérôme a 6 mois. Toujours allaité. Sa mère doit partir 3 jours à l'étranger pour le travail. En avion.

Lors de sa réservation, elle stipule qu'elle allaite et qu'elle aura donc du lait dans son bagage en cabine. Probablement 2 voire 3 L. On lui dit : « Bien sûr vous pouvez avoir des petits flacons de 100 ml pour votre bébé. »

— Oui d'accord, mais justement mon bébé ne sera pas là. C'est pour cela que j'aurai du lait au retour.

— AH ! euh dans ce cas… Il nous faut un certificat médical justifiant l'usage d'un tire-lait.

— OK très bien.

— Et il faudra aussi que vous buviez un peu de lait dans chaque contenant pour nous prouver que c'est une denrée alimentaire et non un explosif.

— …

Engagement

En obstétrique, s'engager pour un bébé, ça veut dire descendre dans le bassin de sa mère. Faire un pas qui va impliquer que la seule issue possible sera la naissance par voie vaginale. C'est une grande étape dans la vie, l'engagement.

Alors aujourd'hui, à la énième relecture de ces textes, de toutes mes émotions posées sur du papier, mon cœur s'accélère. Mes mains sont moites et je me demande si je me glisse ou non dans le bassin de l'édition. Pour que mes réflexions enrichissent les réflexions de la société. Les histoires contées ici le sont pour amener la réflexion plus globale qu'il y a derrière. Je suis convaincue que le changement devrait passer par les soignants, mais que le système les compresse tellement que le changement sera fait par les femmes, les hommes qui s'engagent dans la naissance de leur tout petit.

Alors avec une petite boule au ventre et l'espoir que cette goutte d'eau amène du mieux dans la manière de naître, je glisse ce manuscrit dans la boîte aux lettres. Arrivera ce qui doit.

Parfois, il faut chercher au plus profond de soi pour trouver la force de faire ce dont le monde a besoin que l'on fasse, pour devenir celui que le monde a besoin que l'on soit.

Issunboshi, *conte populaire japonais*

La part du colibri

LIRIO à ANTOINE

Bonsoir Antoine,

Hier, je rencontre Annabelle, 6 semaines, pour une révision, portage en écharpe avec sa maman. Sa mère fait du tire-lait sur encouragement de la maternité pour « voir » les quantités. Pourquoi ? Le besoin de contrôle d'une société entière.

Elle m'a dit que le rdv d'un mois avec la pédiatre s'est très bien passé. Consciencieuse, à l'heure. Mais que comme sa fille n'a pris que 19 g par jour ce n'est pas assez et qu'elle doit compléter pour faire l'équivalent de 120 ml – 6 fois par jour.

— Je n'y arrive pas, dit la maman. Je ne fais que 400 ml de lait par 24 h. C'est tout, je sais que je ne produis pas assez de lait, mais, vous pensez que je peux la mettre au sein juste pour nous 2 ?

Oh, Antoine ! Tu sais comme je bouillonne dans ce genre de situation.

La pédiatre a dit : Oui, bien sûr, des tétées, câlins, pas de problème, elle encourage l'allaitement, vous savez ! me dit la maman.

Durée de la consultation d'un mois : 10 minutes. Premier bébé du couple. Sans commentaire.

Alors, je réexplique, sans râler sur qui que ce soit, la physiologie de la lactation, les repères en allaitement et au lait industriel qui ne sont pas les mêmes. Tu sais comment je fais.

Et puis ensuite, je prends mon petit crayon et comme tu m'as dit : fais ! je te déverse ma rage.

Parfois, j'ai quand même l'impression que je suis sur une plage où des centaines d'étoiles de mer ont été rejetées et qu'à chaque fois que j'en remets une à l'eau, les vagues en ramènent des centaines. Que mes deux mains sont bien peu de choses face aux vagues incessantes.

Ce soir : vacances, je vais marcher sur la plage, sous la pluie pendant une semaine et essayer de ne croiser aucune étoile.

ANTOINE à LIRIO

Pour les étoiles de mer, c'est fatigant, mais si on n'en remet jamais à la mer elles vont disparaître donc si ça va on continue !

Bonnes vacances.

LIRIO à ANTOINE

Oui, ça va. On continue !

Merci, Antoine.

Remerciements

À ma mère, pour ne pas avoir choisi entre être mère, femme et soignante et qui, peut-être sans le savoir, me le transmet.

À mon père, pour ses côtés garde forestier et ermite qui font tous deux partie de moi.

À eux deux, pour avoir osé suivre une voie de soignant non tracée par les leurs et avoir su remonter leurs manches.

À Jérôme et Thierry pour y avoir cru sans me connaître.

À Antoine pour être là pour les « milk ta mère » à la chantilly.

À Nell pour son travail de couverture et son regard de bisounours.

À Wendela, fille d'éditeur, et dame Ginette, lectrices inconditionnelles, critiques bienveillantes de la première heure.

À l'équipe du Lys Bleu Éditions d'avoir voulu y croire et de m'accompagner dans ce monde inconnu.

À mes 2 schtroumpfs qui m'ont rendu meilleure de par leur naissance et leurs questionnements incessants.

À mes frères d'être là, toujours, au cas où.

À ma sœur, pour m'avoir poussé hors de ma zone de confort.

À toi, Maitika, mon roc qui sort de l'eau quand je ne cesse de vouloir surfer alors que je sais tout juste nager.

À Ben Mazué pour son *lâcher prise :*

« Fais ce que t'aimes, vis ce que t'aimes

Va jusqu'au bout de ce que t'aimes, quoi que tu craignes

Quelles que soient les conséquences, dédaigne jamais les gens

Jamais les cons, jamais, même si c'est tentant

On a tous nos raisons ».

À Vous, d'avoir été jusqu'au bout de ce livre et, j'espère, d'y avoir pris du plaisir.

Imprimé en Allemagne
Achevé d'imprimer en décembre 2023
Dépôt légal : décembre 2023

Pour

Le Lys Bleu Éditions
40, rue du Louvre
75001 Paris

www.ingramcontent.com/pod-product-compliance
Lightning Source LLC
Chambersburg PA
CBHW062344010826
49168CB00024B/255

* 9 7 9 1 0 4 2 2 1 9 0 1 7 *